AF385028

DICTIONNAIRE

DES

SYNONYMES

FRANÇAIS

Plus de 3,000 mots

PAR

J. LINGAY

Directeur de la rédaction de la Bibliothèque Philippart

PARIS

N.-J. PHILIPPART, ÉDITEUR

4, RUE HONORÉ-CHEVALIER, 4

ET DANS LES DÉPARTEMENTS

CHEZ TOUS LES LIBRAIRES

1862

EXAMEN DES MOTS SYNONYMES LES PLUS USUELS

TABLE ALPHABÉTIQUE

Mot	Page		Mot	Page
A de	39		Nouveau	60
Abdiquer	39		Nuit	56
Aborder	43		Obligation	51
Abcès (avoir accès)	43		Obscur	59
Accoster	43		Obscurité	55
Accumuler	30		Observations	61
Achever	47		Œuvre	54
Acquiescer	58		Œuvres	54
Acte	39		Offrir	54
Action	39		Ouvrage	54
Adhérent	39		Parabole	51
Adhérer	68		Parfait	47
Adresse	40		Paresseux	59
Affable	41		Part	54
Agir	41		Partager	61
Agrandir	48		Partie	54
Agréable	41		Parole	54
Aider	55		Pas	55
Aiguillonner	81		Pénétrant	50
Aimer	41		Perçant	50
Air	41		Péril	52
Ajouter	41		Perpétuel	63
Allégorie	51		Plein	47
Amasser	39		Plier	63
Ancien	55		Ployer	63
Animer	49		Plusieurs	56
Animer	61		Point	55
Annexé	39		Poli	41
Antique	55		Porter	61
Apôter	55		Porter	64
Appointements	52		Portion	54
Apporter	64		Portrait	44
Apprendre	46		Poster	55
Approcher	43		Pousser	61
Appui	42		Précis	47
Artifice	40		Préférer	57
Assister	55		Présenter	54
Assuré	62		Projets	48
Attaché	89		Promptitude	51
Augmenter	63		Prudence	49
Austère	46		Punir	49
Avare	42		Questionner	62
Avure	46		Quinteux	53
Avaricieux	42		Récent	60
Bataille	46		Réflexions	61
Beaucoup	55		Règle	50
Bizarre	53		Règlement	50
Bon cœur (de)	48		Remarques	61
Bonne grâce (de)	48		Rempli	47
Bon gré (de)	48		Répartir	61
Bonne volonté (de)	48		Repartie	62
Bornes	47		Réplique	62
Bourru	57		Réponse	62
Bravoure	57		Reprendre	52
Nul	48		Réprimander	62
Cacher	49		Respect	53
Capacité	56		Risque	52
Capricieux	53		Retenir	49
Certain	42		Rude	46
Châtier	49		Ruse	40
Charge	49		Sagesse	49
Chérir	41		Soin	64
Choisir	57		Solitaire	64
Civil	41		Salutaire	64
Clairvoyant	50		Satisfait	51
Cœur	57		Savant	44
Combat	46		Secourir	55
Complet	47		Sévère	46
Concis	47		Situation	50
Conformation	45		Sombre	60
Consentir	58		Souplesse	40
Constant	44		Soutien	42
Constance	45		Stabilité	43
Content	51		Support	42
Continuation	51		Sur	42
Continuel	63		Ténèbres	56
Continuité	51		Terme	47
Corriger	52		Terminer	47
Courage	57		Tomber d'accord	58
Croître	41		Trace	64
Danger	52		Transporter	64
Dedans	50		Union	46
Déguiser	49		Valeur	50
Délectable	41		Valeur	57
Demander	62		Vénération	53
Démettre (donner sa démission)	89		Vénéneux	64
Demeurer	52		Venimeux	64
Dénier	60		Véridique	64
Départir	61		Vestiges	64
Dessein	48		Vieux	55
Devoir	51		Violent	50
Dextérité	43		Vivacité	51
Dissimuler	49		Vrai	64
Distribuer	61		Vues	48
Docte	44			
Donner	55			
Durable	44			
Éclairé	50			
Effigie	44			
Éluder	58			
Emporté	50			
Emporter	64			
Encourager	49			
Encourager	61			
Enseigner	46			
Entier	47			
État	50			
Éternel	63			
Éviter	58			
Exciter	61			
Extravagant	45			
Façon	45			
Faire	44			
Faire savoir	46			
Faix	49			
Fantasque	53			
Fardeau	49			
Fermeté	45			
Fuir	58			
Figure	44			
Figure	45			
Finesse	40			
Fini	47			
Finir	47			
Forme	45			
Fou	45			
Gages	52			
Gaieté	51			
Garder	49			
Gracieux	41			
Habileté	43			
Habilité	55			
Honnête	41			
Honoraires	52			
Image	44			
Imbécile	55			
Immortel	63			
Inciter	61			
Indolent	59			
Informer	46			
Insensé	45			
Instant	59			
Instruire	46			
Intéressé	46			
Intérieur	50			
Interroger	62			
Intrépidité	57			
Joie	51			
Joindre	43			
Jonction	46			
Limites	47			
Loger	52			
Manière	41			
Moment	59			
Mot	54			
Neuf	60			
Négligent	59			
Nier	60			
Nonchalant	59			
Notes	61			

DICTIONNAIRE

DES

SYNONYMES

FRANÇAIS

INTRODUCTION

Synonyme est, au propre, un adjectif qui vient du grec, et signifie *avec nom*. Si on voulait conserver à ce mot sa qualité d'adjectif, exprimant le sens que le latin et le français lui ont donné, il serait l'équivalent de *pareil, semblable, de même*, et l'expression *noms synonymes* représenterait l'idée de mots ayant la même signification. Mais on a admis l'emploi de ce terme comme substantif, et, au lieu de mots synonymes, on dit simplement des SYNONYMES. On n'en a pas moins conservé le substantif synonymie, qui indique la qualité d'être synonyme.

La définition qui se trouve par suite dans presque tous les dictionnaires, même dans le dictionnaire français-latin de M. Noël, au mot synonyme, est celle-ci : « *Synonyme*, » adjectif et substantif masculin, *qui a la même significa-* » *tion; mots synonymes, ou synonymes, mots qui ont la* » *même signification.* »

Il se faut bien garder d'admettre rigoureusement cette définition. On arriverait ainsi à présenter dans ses écrits un ensemble aussi burlesque que le serait le tableau d'un peintre qui, représentant un régiment de ligne, prendrait indifféremment sur sa palette du vermillon, du ponceau, de l'amaranthe, de la garance, de l'écarlate, de la couleur pourpre, du rouge-cerise, etc., pour peindre toutes les parties rouges des uniformes.

Un dictionnaire des synonymes n'a donc point pour but de rapprocher des mots qu'on puisse employer indifféremment les uns pour les autres ; il a pour objet, au contraire, de les rassembler pour aider l'esprit à choisir entre eux celui qui est propre à rendre l'idée que l'on désire exprimer. Les mots synonymes ont, au fond, une corrélation par rapport à une idée commune, générale ; mais ils diffèrent les uns des autres par une signification particulière représentant un des aspects spéciaux de cette idée générale. Ce sont les nuances de la palette de l'écrivain, comme les tons sont celles de la palette du peintre. L'art est de savoir choisir celle qui est justement convenable. Ce choix, nous n'en disconvenons pas, exige un grand discernement, et il faut déjà avoir bien étudié la langue française pour se servir facilement d'un dictionnaire des synonymes.

Nous ne voulons point dire par là qu'un ouvrage de cette nature soit inutile comme livre d'enseignement. Bien au contraire ; si on veut le prendre comme tel, c'est le meilleur moyen d'apprendre sa langue et d'en comprendre toutes les finesses. Mais il faut alors aborder sérieusement sa tâche, et nous allons indiquer comment il est nécessaire de procéder.

Aucun auteur n'a fait un dictionnaire explicatif des synonymes assez complet pour qu'on trouve rassemblés les uns près des autres tous les mots qui indiquent les nuances particulières et diverses que peut subir une idée générale, soit dans le fond, soit dans la forme, soit par rapport au temps, soit par rapport aux personnes ou aux convenances. Un semblable travail serait à peine réalisable par l'Académie. Nous voudrions le lui voir entreprendre, et nous sommes convaincu que notre littérature y gagnerait beaucoup.

Mais, en attendant que le docte corps dote la langue française de ce grand monument littéraire, le devoir de tous ceux qui tiennent une plume est de faire leurs efforts pour écrire leur langue nationale aussi purement qu'ils le peuvent. Il n'est point donné à tous d'avoir le génie créateur; mais chacun peut, par l'étude, éviter les grossières fautes d'un langage diffus et exprimer nettement sa pensée.

Nous étions vivement préoccupé, en voyant le cadre dans lequel nous devions satisfaire à ce titre : *Dictionnaire des synonymes*, de la crainte de produire un ouvrage d'une complète inutilité. Nous pouvons affirmer que nous avons suivi le précepte de Boileau,

« Cent fois sur le métier remettez votre ouvrage, »

et que nous avons été extrêmement long à arrêter notre plan.

Nous n'avons pas la prétention d'avoir surmonté victorieusement la difficulté ; mais nous pensons avoir fait avec elle un accommodement acceptable. Notre but a été de réunir par ordre alphabétique tous les mots admis comme offrant une certaine synonymie. On trouvera donc facilement, à côté d'un mot donné ceux qui ont une corrélation avec l'idée générale que ce mot représente. Si c'est seulement pour aider la mémoire paresseuse qu'on fait cette recherche, on pourra instantanément trouver le mot précis qu'on désire. Si, au contraire, on fait cette recherche comme objet d'étude, et qu'on n'ait pas parfaitement dans l'esprit le sens exact des mots qu'on lira, il faut avoir auprès de soi un bon dictionnaire (celui de l'Académie est encore le meilleur), et y chercher la signification des mots présentés comme synonymes, jusqu'à ce que l'on ait trouvé celui qui rend exactement le sens désiré. Notre liste alphabétique aura ainsi l'utilité de servir de base à ce travail, qui est d'une grande importance pour écrire purement.

Les remarques sur les synonymes, qui suivent la liste alphabétique, ont pour but de montrer à ceux qui voudraient étudier les synonymes comment ils doivent procéder pour rapprocher les mots et en déduire les analogies et 'es différences.

Nous avons intitulé ce qui précède : *introduction ;* nous

eussions pu mettre : discours préliminaire, préface, avertissement, avant-propos, préambule. Les lecteurs ne se rendent pas souvent compte pourquoi on met un de ces titres plutôt qu'un autre ; les auteurs eux-mêmes y attachent, en général, peu d'importance, et beaucoup d'entre eux mettent, sans le discuter, le premier titre qui se présente sous leur plume. Il est résulté, de cette indulgence d'une part et de cette négligence de l'autre, une confusion dont les dictionnaires aident peu à sortir ; à chacun de ces mots, ils renvoient invariablement à *préface*.

Préface, de *præ*, avant, et de *facere*, faire, qui signifie, au propre, *faire avant*, est bien, en effet, l'idée générique des mots dont nous nous occupons, mais chacun d'eux a sa raison d'être ; c'est ce que nous allons essayer d'expliquer.

Dans une préface, l'auteur s'applique surtout à faire connaître le plan de son ouvrage ; il lui est permis de parler de sa personne comme auteur, du soin qu'il a mis à son œuvre, des progrès qu'il croit avoir réalisés.

Le *préambule* n'entre point dans l'examen du plan de l'ouvrage ; c'est en quelque sorte un exorde pour demander l'attention et la bienveillance du lecteur. Ce titre exclut toute prétention de la part de l'auteur, qui doit alors être modeste et bref. Un préambule qui vise à l'effet, ou qui est trop long, est une faute contre le goût.

Un *avertissement* ne doit parler ni du plan, ni de l'auteur. Il ne doit avoir pour but que des indications sur la forme matérielle de l'ouvrage.

Dans un *avant-propos*, l'auteur indique le but qu'il s'est proposé, mais sans entrer dans la discussion de son plan ; il donne les indications comme dans l'avertissement, mais il ne doit soulever aucune question de principe.

Le titre *préliminaires* exclut toute idée d'exposition de plan, de discussion de l'ouvrage, même d'indications matérielles ; c'est, en quelque sorte, un premier chapitre, dans lequel on expose les éléments du sujet que l'on traite, soit qu'on juge utile de les enseigner pour la compréhension du livre, soit qu'on veuille, par exemple dans un ouvrage historique, établir nettement, par un résumé préalable, le point de départ qu'on a adopté.

Le *discours préliminaire* est une œuvre distincte de l'œuvre principale, qui lui sert de préparation ; ce genre de préface admet tous les développements littéraires que l'auteur juge nécessaires pour faire connaître ses doctrines, ses principes, ses opinions, ainsi que toutes les considérations relatives à son ouvrage et aux points de discussion avec les livres du même genre. C'est, en quelque sorte, une thèse qu'il soutient pour établir la portée de son œuvre.

Enfin l'*introduction* est la préface dans laquelle il est permis d'empiéter sur toutes les autres espèces, mais qui doit avoir pour caractère particulier de contenir des notions qui *introduisent* à la connaissance de celles du livre, dont elle est une partie.

On doit pouvoir supprimer tous les genres de préface sans nuire à l'ensemble de l'œuvre, à l'exception de celles qui ont pour titre : Préliminaires, ou introduction.

Puisque nous avons tant fait que d'examiner les caractères des préfaces, complétons notre travail par quelques mots sur les post-faces, appendices et suppléments.

Post-face (après-faire) est ici le terme qui indique l'idée générique. On place une post-face à la fin d'un livre, soit pour en déduire une conclusion qui n'a pu trouver place dans l'ouvrage, soit pour relater un fait survenu au moment où l'impression était terminée, et dont il est nécessaire de tenir compte.

On nomme *appendice* une post-face qui a pour but non pas seulement une réflexion ou l'énoncé d'un fait, mais qui prend des proportions plus étendues et devient un complément du sujet traité.

Le *supplément* est un nouveau travail qui ne porte point sur le fond du livre, qui n'y ajoute rien comme plan ni comme idée, mais qui est, en quelque sorte, un nouveau terme du même travail. L'appendice ne doit pas être séparé de l'ouvrage qu'il complète, parce qu'il en fait partie intégrante. Le supplément est un nouvel ouvrage qui comble des vides laissés dans l'œuvre à laquelle il se rapporte, mais en est entièrement distinct.

Nous avons dit, en parlant de la définition du mot *synonyme*, qu'il ne fallait pas croire qu'un mot pût rigoureusement en remplacer un autre. Il faut remarquer aussi, que le même mot est souvent pris dans des acceptions différentes; en outre, que presque tous les mots de notre langue ont un sens propre et un sens figuré. On ne doit pas oublier ces considérations lorsqu'on recherchera une expression équivalente à une autre, sous peine de faire fausse route.

Le bon choix des synonymes prête beaucoup à l'élégance; on n'aime pas que le même mot soit répété trop souvent; le pronom sert en partie à éviter cette répétition, mais le pronom, trop éloigné du nom qu'il représente, est souvent difficile à comprendre, et il est excessivement rare que son emploi multiplié soit élégant. Les synonymes sont donc d'un grand secours dans notre langue, mais à la condition expresse qu'ils soient bien choisis.

Nous avons essayé de rendre ce petit livre aussi utile que possible. Populariser l'instruction en la rendant facile et attrayante dans les éléments a été la pensée constante de nos efforts pendant douze ans. Donner aux peuples le goût d'une saine instruction est le seul moyen de les moraliser. On repousse avec mépris les mauvais livres quand on a appris à trouver dans les bons une douce satisfaction pour le cœur et l'intelligence.

Exciter ces aspirations salutaires, tel est le but que nous nous sommes proposé en dirigeant la rédaction de cette Bibliothèque,

En ce qui concerne le Traité des synonymes nous ne pouvons, en quelques pages, discuter toutes les difficultés de notre langue; mais, si nous avons réussi à éveiller l'attention vers la recherche de ces difficultés, nous aurons atteint notre but, car on ne sait rien aussi bien que ce que l'on a appris soi-même par des études assidues.

DICTIONNAIRE

DES PRINCIPAUX

SYNONYMES.

A, de.

Abaissement, bassesse, abjection.

Abaisser, baisser, ravaler, avilir, humilier.

Abandon, abandonnement, abdication, renonciation, démission, désistement.

Abandonner, délaisser.

Abattement, accablement, découragement.

Abattre, démolir, ruiner, démanteler, raser, anéantir.

Abdiquer, se démettre, résigner.

Abhorrer, détester, exécrer.

Abîme, précipice, gouffre.

Abject, bas, vil.

Abjection, bassesse, abaissement.

Abjurer, renoncer, renier.

Abolir, abroger.

Abolition, absolution, pardon, rémission, grâce, bienfait, service, bon office, faveur.

Abominable, détestable, exécrable.

Abondamment, copieusement, bien, beaucoup.

Aborder, approcher, joindre, avoir accès, accoster.

Abrégé, sommaire, épitomé.

Abri (à l'), à couvert.

Abrogation, dérogation.

Abroger, abolir.

Absolu, impérieux.

Absolution, pardon, rémission.

Absorber, engloutir.

Abstenir (s'), se priver.

Abstraits, distraits.

Abstraction, précision.

Abuser, mesurer, surprendre, tromper, leurrer.

Académicien, académiste.

Accablement, abattement, découragement.

Accabler, opprimer.

Accélérer, hâter, presser, dépêcher.

Accepter, recevoir.

Accès (avoir), aborder, approcher.

Accident, aventure, événement.

Accident, désastre, malheur.

Accidentel, fortuit

Accompagner, escorter.

Accompli, parfait, achevé.

Accomplir, réaliser, effectuer, exécuter.

Accord, convention, consentement.

Accorder, concilier.

Accorder, raccommoder, réconcilier.

Accoster, aborder, joindre.

Accoler, appuyer.

Accoucher, engendrer, enfanter.

Accroire (faire), faire croire.

Accumuler, amasser.

Accusateur, dénonciateur, délateur.

Accuser, inculper.

Achat, emplette.

Achever, finir, terminer.

A couvert, à l'abri.

Acquiescer, tomber d'accord, adhérer, consentir.

Acquitté, quitte.

Acre, âpre.

Acrimonie, âcreté.

Acte, action.

Acteur, comédien.

Actions (bonnes), bonnes œuvres.

Actuellement, présentement, maintenant, à présent.

Adage, proverbe.

Adhérent, attaché, annexé.

Adhérer, tomber d'accord, consentir, acquiescer.

Adhésion, approbation, agrément, consentement, ratification.

Admettre, recevoir.

Administration, conduite, gouvernement, régie, direction.

Adonner (s'), se donner.

Adorer, honorer, révérer.

Adoucir, mitiger, modérer, tempérer.

Adresse, habileté, dextérité.

Adresse, souplesse, finesse, ruse, artifice, astuce, perfidie, fausseté.

Adroit, habile, ingénieux, industrieux.

Adulateur, flatteur.

Adverbe, phrase adverbiale.

Adversaire, antagoniste, ennemi.

Affable, honnête, civil, poli, gracieux.

Affectation, afféterie.

Affecté, composé, apprêté.

Affecter, se piquer, afficher.

Affection, inclination, amitié, amour, tendresse, dévouement.

Affermer, louer.

Affermir, assurer.

Afféterie, affectation.

Affirmer, confirmer, assurer.

Affliction, chagrin, peine, désolation, douleur, tristesse.

Afflictions, croix, peines.

Affligé, fâché, attristé, contristé, mortifié.

Affluence, concours, multitude, foule.

Affranchir, délivrer.

Affreux, horrible, effroyable, terrible, effrayant, épouvantable.

Affront, insulte, outrage, avanie.

Affublé, vêtu, revêtu.

Afin, pour.

A foison, copieusement, abondamment.

Agacer, harceler, provoquer.

Agir, faire.

Agitation, tourment.

Agité, ému, troublé.

Agrandir, augmenter.

Agréable, délectable.

Agréable, gracieux.

Agréger, associer.

Agrément, consentement, permission.

Agrément, consentement, ratification, adhésion, approbation.

Agréments, grâces.

Agriculteur, cultivateur, colon.

Aide, secours, appui.

Aider, assister, secourir.

Aïeux, pères, ancêtres.

Aiguillonner, pousser, exciter, animer, inciter, encourager.

Aiguiser, allégir, aménuiser.

Aimable, sociable.

Aimer, chérir.

Aimer mieux, aimer plus.

Aimer de, aimer à (faire).

Ainsi, c'est pourquoi.

Ainsi que, comme, de même que.

Air, manières.

Air, mine, physionomie.

Ais, planche.

Aise, content, ravi.

Aisé, facile.

Aises, commodités.

Ajouter, augmenter.

Ajustement, parure.
A l'abri, à couvert.
A la fin, finalement, enfin.
A la lettre, littéralement.
A la rencontre, au-devant (aller).
A l'aveugle, aveuglément.
Aliments, subsistance, nourriture.
Alarme, terreur, effroi, frayeur, épouvante, crainte, peur, appréhension.
Alarmé, effrayé, épouvanté.
Aliéner, vendre.
Aliéné, fou.
Allé (être), avoir été.
Allégir, amenuiser, aiguiser.
Allégorie, parabole.
Alléguer, citer.
Aller à la rencontre, aller au-devant.
Aller en cour, aller à la cour.
Alliance, ligue, confédération.
Allures, démarches.
Almanach, calendrier.
Allonger, prolonger, proroger.
Altercation, contestation, débat, dispute.
Amant, amoureux.
Amant, galant.
Amasser, accumuler, ramasser, entasser, amonceler.
Ambassadeur, envoyé, député.
Ambiguïté, double sens, équivoque.
Ame faible, cœur faible, esprit faible.
Amendement, correction, réforme.
Amenuiser, aiguiser, allégir.
Amitié, amour, tendresse, affection, inclination.
Amonceler, entasser.
Amour, tendresse, affection, inclination, amitié.
Amphibologique, louche, équivoque.
Ampoulé, emphatique, boursouflé.
Amusement, divertissement, réjouissance, récréation.

An, année.
Analogie, rapport.
Ancêtres, aïeux, pères.
Ancêtres, prédécesseurs.
Ancien, antique, vieux.
Anciennement, jadis, autrefois.
Ane, ignorant.
Anéantir, détruire.
Anesse, bourrique.
Animal, bête.
Animal, bête, brute.
Animer, encourager, exciter.
Année, an.
Annexé, adhérent, attaché.
Annuler, infirmer, casser, révoquer.
Antagoniste, ennemi, adversaire.
Antérieur, antécédent, précédent.
Antipathie, répugnance, haine, aversion.
Antiphrase, contre-vérité.
Antique, vieux, ancien.
Antre, caverne, grotte.
Apaiser, calmer.
Apocryphe, supposé.
Apothéose, déification.
Appareils, apprêts, préparatifs, apparat.
Apparence, extérieur, dehors.
Appas, charmes, attraits.
Appâts, piège, leurre, embûche.
Appeler, évoquer, invoquer.
Appeler, nommer.
Appétit, faim.
Applaudissements, louanges.
Application, méditation, contention.
Apposer, appliquer.
Appointements, honoraires, gages.
Apporter, transporter, porter.
Apprivoiser, priver.
Appréhender, redouter, avoir peur, craindre.
Appréhension, alarme, terreur, effroi, frayeur, épouvante, crainte, peur.
Apprendre, étudier.
Apprendre, instruire, informer, faire savoir, enseigner.

Apprendre, s'instruire.
Apprêté, composé, affecté.
Apprêter, préparer, disposer.
Apprécier, estimer, priser.
Approbation, agrément, consentement, ratification, adhésion.
Approcher, avoir accès, aborder.
Approcher, rapprocher.
Approfondir, creuser.
Approprier (s'), s'arroger, s'attribuer.
Appui, soutien, support.
Appuyer, accoler.
Apre, âcre.
A présent, présentement, maintenant.
Aptitude, disposition, penchant.
Aride, sec.
Arme, armure.
Armes, armoiries.
Aromate, parfum.
Arracher, ravir.
Arranger, ranger.
Arrêter, retenir.
Arrogant, suffisant, important.
Artifice, adresse, souplesse, finesse, ruse.
Artisan, ouvrier, artiste.
Ascendant, empire, influence.
Asile, refuge.
Aspect, vue.
Aspirer, prétendre.
Assemblage, réunion.
Assembler, joindre, unir.
Assembler, rassembler.
Assez, suffisamment.
Assister, secourir, aider.
Associé, confrère, collègue.
Associer, agréger.
Assujettissement, sujétion.
Assuré, certain, sûr.
Assurer, affermir.
Assurer, affirmer, confirmer.
Astronome, astrologue.
Astuce, perfidie, finesse, ruse.
Attaché, annexé, adhérent.
Attaché, avare, intéressé.
Attachement, attache, dévouement.

Attacher, lier.
Attaquer quelqu'un, s'attaquer à quelqu'un.
Attendre, espérer.
Attention, vigilance, exactitude.
Attention, circonspection, égards, ménagements.
Atténuer, broyer, pulvériser.
Attraits, appas, charmes.
Attribuer, imputer.
Attristé, contristé, mortifié, affligé, fâché.
Auberge, hôtellerie, cabaret, taverne.
Au cas, en cas.
Audace, effronterie, hardiesse.
Audacieux, hardi, effronté, osé.
Au-devant, à la rencontre (aller).
Augmenter, agrandir.
Augmenter, ajouter.
Augure, présage.
Augmenter, croître.
Aussi, encore.
Aussi, c'est pourquoi, ainsi.
Austère, sévère, rude.
Austère, sévère, rigide, rigoureux, roide.
Austère, acerbe, âpre.
Auteur, écrivain.
Autorité, pouvoir, empire.
Autorité, pouvoir, puissance.
Autour, à l'entour.
Autrefois, anciennement, jadis.
Avanie, affront, insulte, outrage.
Avant, devant.
Avantage, utilité, profit.
Avantageux, orgueilleux, glorieux, fier.
Avare, avaricieux.
Avare, intéressé, attaché.
Avenir, futur.
Aventure, événement, accident.
Aventurier, aventureux.
Aversion, antipathie, répugnance, haine.
Avertir, informer, donner avis.
Avertissement, avis, conseil.
Aveu, confession.
Aveuglément, à l'aveugle.

Avidité, convoitise, concupiscence, cupidité.
Avis, conseil, avertissement.
Avis, opinion, sentiment.
Avisé, prudent, circonspect.
Avoir accès, aborder, approcher.
Avoir des faiblesses, être faible.
Avoir échappé, être échappé.
Avoir envie, envier.
Avoir envie, souhaiter; désirer, soupirer, convoiter, vouloir.
Avoir été, être allé.
Avoir nouvelle, avoir des nouvelles.
Avoir peur, craindre, appréhender, redouter.
Avoir, posséder.
Axiome, maxime, sentence, apophthegme, aphorisme.

Babil, caquet.
Babillard, bavard.
Badaud, benêt, niais, nigaud.
Baisser, abaisser.
Balancer, hésiter.
Balbutier, bégayer, bredouiller.
Bande, barre, lisière.
Bande, compagnie, troupe.
Bandit, libertin, vagabond.
Banqueroute, faillite.
Barbarie, cruauté, férocité.
Barre, lisière, bande.
Bas, abject, vil.
Bassesse, abaissement.
Bassesse, abjection.
Bataille, combat.
Battre, frapper.
Battu, défait, vaincu.
Béatification, canonisation.
Béatitude, bonheur, félicité.
Beau, joli.
Beaucoup, abondamment, copieusement, bien.
Beaucoup, plusieurs.
Bénéfice, gain, profit, lucre, émolument.
Béni, bénit.
Bénin, humain, doux.
Besace, bissac.

Besoin, nécessité, pauvreté, indigence, disette.
Bête, animal.
Bête, brute. animal.
Bête, stupide, idiot.
Bêtise, sottise.
Bévue, méprise, erreur.
Bien, beaucoup, abondamment, copieusement, à foison.
Bien, très fort.
Bien (homme de), homme d'honneur, honnête homme.
Bienfait, service, plaisir, bon office.
Biffer, effacer, raturer, rayer.
Bigarrure, différence, diversité, variété.
Bizarre, capricieux, quinteux, bourru, fantasque.
Blâmer, censurer, réprimander.
Blessure, plaie.
Bluette, étincelle.
Bois, corne.
Boiter, clocher.
Bon goût, bon sens.
Bonheur, chance.
Bonheur, félicité, béatitude.
Bonheur, félicité, plaisir.
Bonheur, prospérité.
Bonheur, prospérité, félicité, plaisir.
Bonnes actions, bonnes œuvres.
Bon sens, bon goût.
Bon sens, jugement, entendement, conception, intelligence, génie, esprit. raison.
Bon sens (homme de), homme de sens.
Bonté, bénignité, mansuétude.
Bonté, humanité, sensibilité, tendresse.
Bords, côtes, rivages, rives.
Bords (sur les), sur le bord.
Bornes, termes, limites.
Bouderie, fâcherie, humeur.
Boulevard, rempart.
Bourg, hameau, village.
Bourgeois, citoyen, habitant.

Bourrique, ânesse.

Bourru, fantasque, bizarre, capricieux, quinteux.

Bout, extrémité, fin.

Bravoure, courage.

Bravoure, intrépidité, cœur, courage, valeur.

Bravoure, valeur, courage.

Bref, court, succinct.

Brillant, lustre, éclat.

Brouiller, embrouiller.

Broyer, pulvériser, atténuer.

Brute, animal, bête.

But, vues, dessein.

Cabale, complot, conspiration, conjuration.

Cabane, hutte, chaumière.

Cabaret, taverne, auberge, hôtellerie, hôtel.

Cacher, dissimuler, déguiser, voiler.

Caducité, décrépitude.

Calamité, infortune, désastre, malheur.

Calculer, supputer, compter.

Calendrier, almanach.

Calme, tranquillité, paix.

Calmer, apaiser.

Campagne (maison de), maison des champs.

Candeur, ingénuité, naïveté.

Canonisation, béatification.

Canons, décrets, décisions des conciles.

Capable, habile.

Capacité, habileté.

Capitaine des gardes, capitaine aux gardes.

Capricieux, quinteux, bourru, fantasque, bizarre.

Capter, captiver.

Captif, prisonnier, esclave.

Caresser, flatter, cajoler, flagorner.

Carnassier, carnivore.

Cas, circonstance, occasion, occurrence, conjoncture.

Cas (au, en).

Casser, révoquer, annuler, infirmer.

Casser, rompre, briser.

Caustique, satirique, mordant.

Caution, garant, répondant.

Caverne, grotte, antre.

Célèbre, renommé, fameux, illustre.

Célébrité, renommée, considération, réputation.

Célérité, vitesse, diligence, promptitude.

Censure, critique.

Cependant, néanmoins, toutefois, pourtant.

Certain, sûr, assuré.

Certes, certainement, avec certitude.

Cerveau, cervelle.

Cesser, discontinuer, finir.

C'est pourquoi, ainsi.

Chagrin, peine, affliction.

Chagrin, tristesse, affliction, désolation douleur.

Chagrin, tristesse, mélancolie.

Chaînes, fers.

Chair, viande.

Champs (maison des), maison de campagne.

Chance, bonheur.

Chanceler, vaciller.

Change, troc, permutation, échange.

Changement, variation, variété.

Chansir, moisir.

Chanteur, chantre.

Chapelle, chapellenie.

Chaque, tout.

Charge, fardeau, faix.

Charge, office.

Charme, enchantement, fort.

Charmes, attraits, appas.

Charmoie, charmilles.

Chasteté, continence.

Château, maison, hôtel, palais.

Châtier, punir.

Chaud (le), la chaleur.

Chaud, chaleureux.

Chef, tête.

Chemin, route, voie.
Chérir, aimer.
Chétif, mauvais, faible.
Choir, faillir, tomber.
Cheval, coursier.
Choisir, élire.
Choisir, faire choix.
Choisir, opter.
Choisir, préférer.
Choix, élection.
Choquer, heurter.
Ciel, paradis.
Circonspection, considération, égards, ménagements.
Circonspection, égards, ménagements, attentions.
Circonstance, conjoncture.
Circonstance, occasion, occurrence, conjoncture, cas.
Cité, ville.
Citer, alléguer.
Citoyen, habitant, bourgeois.
Civil, poli, gracieux, affable, honnête.
Civilité, politesse, honnêteté, affabilité.
Civisme, patriotisme.
Clairvoyant, éclairé.
Clairvoyant, instruit, homme de génie, éclairé.
Clameur, cri.
Clarté, perspicuité.
Clarté, splendeur, lueur.
Cloître, couvent, monastère.
Clore, fermer.
Cœur, courage, valeur, bravoure, intrépidité.
Cœur faible, esprit faible, âme faible.
Colère, courroux, emportement.
Colère, colérique.
Collègue, associé, confrère.
Colloque, dialogue, conversation, entretien.
Coloris, couleur.
Combat, bataille.
Comédien, acteur.
Commandement, ordre, précepte, injonction, jussion.

Comme, de même que, ainsi que.
Commentaire, glose.
Commerce, trafic, négoce.
Commis, employé.
Commodités, aises.
Commun, vulgaire, trivial, ordinaire.
Compagnie, troupe, bande.
Complaire, plaire.
Complaisance, condescendance, déférence.
Complet, entier.
Compliqué, impliqué.
Comprendre, concevoir, entendre.
Conception, intelligence, génie, esprit, raison, bon sens, jugement, entendement.
Concerner, toucher, regarder.
Concevoir, entendre, comprendre.
Concilier, accorder.
Concis, précis.
Concis, précis, succinct.
Conclusion, conséquence.
Concupiscence, cupidité, avidité, convoitise.
Condition, état.
Condition (de), de qualité.
Conduire, guider, mener.
Conduite, gouvernement, régie, direction, administration.
Confédération, alliance, ligue.
Conférer, déférer.
Confession, aveu.
Confier (se), se fier.
Confirmer, assurer, affirmer.
Confiseur, confiturier.
Conformation, façon, figure, forme.
Conformité, ressemblance.
Confrère, collègue, associé.
Confus, confondu, déconcerté, interdit.
Conjoncture, cas, circonstance, occasion, occurrence.
Conjoncture, circonstance.
Connexion, connexité.
Conscience, idée, notion, pensée,

opération de l'esprit, percep-
tion, sensation.
Conseil, avertissement, avis.
Conseiller d'honneur, conseiller
honoraire.
Consentement, accord, conven-
tion.
Consentement, permission, agré-
ment.
Consentement, ratification, ad-
hésion, approbation, agrément.
Consentir, acquiescer, adhérer,
tomber d'accord.
Conséquence, conclusion.
Conséquent, conclusion.
Cons dérable, grand.
Considération, déférence, res-
pect, égards.
Considération, égards, ménage-
ments, circonspection.
Considération, réputation.
Considération, réputation, célé-
brité, renommée.
Considérations, observations, ré-
flexions, pensées, notes, remar-
ques.
Consommer, consumer.
Constance, fermeté.
Constance, fermeté, stabilité.
Constant, durable.
Constant, ferme, inébranlable,
inflexible.
Consternation, étonnement, sur-
prise.
Construire, bâtir.
Consumer, consommer.
Conte, fable, roman.
Contenance, maintien.
Content, ravi, aise.
Content, satisfait.
Contentement, joie, satisfaction,
plaisir.
Contentement, satisfaction.
Contention, méditation, applica-
tion.
Contestation, débat, dispute, al-
tercation.
Contigu, proche.
Continence, chasteté.

Continu, continuel.
Continuation, continuité.
Continuation, suite.
Continuellement, toujours.
Continuer, persévérer, persister.
Continuer, poursuivre.
Continuité, continuation.
Contraindre, forcer, violenter,
obliger.
Contravention, désobéissance.
Contre, malgré.
Contre, malgré, nonobstant.
Contrefaction, contrefaçon.
Contrefaire, imiter, copier.
Contrevenir, enfreindre, trans-
gresser, violer.
Contristé, mortifié, affligé, fâché,
attristé.
Contrition, attrition, componc-
tion, repentir, remords.
Convaincre, persuader.
Convention, consentement, ac-
cord.
Conversation, entretien.
Conversation, entretien, colloque,
dialogue.
Conviction, persuasion.
Convier, inviter.
Convoiter, vouloir, avoir envie,
souhaiter, désirer, soupirer.
Convoitise, concupiscence, cupi-
dité, avidité.
Copie, modèle.
Copier, contrefaire, imiter.
Copieusement, bien, beaucoup,
abondamment.
Coquetterie, galanterie.
Correction, exactitude.
Corriger, reprendre, répriman-
der.
Cosmogonie, cosmographie, cos-
mologie.
Couler, rouler, glisser.
Couleur, coloris.
Coup (tout d'un, tout à).
Couple, paire.
Cour (de), de la cour.
Courage, bravoure.
Courage, bravoure, valeur.

Courage, valeur.
Courage, valeur, bravoure, intré-
  pidité, cœur.
Courir, courre.
Courir, parcourir.
Courroux, emportement, colère.
Coursier, cheval, rosse.
Court, succinct, bref.
Coutume, habitude.
Coutume, usage.
Craindre, appréhender, redouter,
  avoir peur.
Crainte, peur, appréhension,
  alarme, terreur, effroi, frayeur,
  épouvante.
Créance, croyance.
Crédit, faveur.
Creuser, approfondir.
Cri, clameur.
Crime, péché, délit, forfait,
  faute.
Critique, censure.
Croire (faire), faire accroire.
Croître, augmenter, s'augmen-
  ter.
Croix, peines, afflictions.
Croyance, foi.
Croyez-vous qu'il le fera ? qu'il le
  fasse ?
Cupidité, avidité, convoitise, con-
  cupiscence.
Cure, guérison.

D'ailleurs, outre cela, de plus.
Danger, péril, risque.
Dans, en.
Dans l'idée, dans la tête.
Davantage, plus.
De, à.
Débat, dispute, altercation, con-
  testation.
Débattre, discuter.
De bon gré, de bonne volonté, de
  bon cœur, de bonne grâce.
Debout, droit.
Débris, décombres, ruines.
Décadence, ruine.
Décadence, déclin, décours.

Déceler, déclarer, découvrir, ma-
  nifester, révéler.
Décence, dignité, gravité, bien-
  séance, convenance, décorum.
Décès, trépas, mort.
Décider, juger.
Décime, décimes, dîme.
Décision, résolution.
Décisions des conciles, canons,
  décrets.
Déclarer, découvrir, manifester,
  révéler, déceler.
Décombres, ruines, débris.
De condition, de qualité.
De cour, de la cour.
Découverte, invention.
Découvrir, manifester, révéler,
  déceler, déclarer, divulguer,
  publier.
Découvrir, trouver, inventer.
Décrets, décisions des conciles,
  canons.
Décrets, lois, arrêtés.
Décrier, décréditer, discréditer.
Dédain, fierté.
Dedans, intérieur.
Dédire (se), se rétracter.
Défait, vaincu, battu.
Défaite, déroute.
Défaut, défectuosité, vice, imper-
  fection, faute.
Défaut, imperfection, vice.
Défaut, ridicule, vice.
Défaveur, disgrâce.
Défendre, justifier.
Défendre, soutenir, protéger.
Défendu, prohibé.
Défense, prohibition.
Déférence, respect, égards, con-
  sidération.
Déférer, conférer.
Défiance, méfiance.
Dégoûtant, fastidieux.
Degré, marche.
Degré, montée, escalier.
Déguisé, travesti, masqué.
Déguisement, travestissement.
Déguiser, cacher, dissimuler.
Dehors, apparence, extérieur.

2

Déification, apothéose.
Délaisser, abandonner.
Délateur, accusateur, dénonciateur.
Délectable, agréable.
Délibérer, opiner, voter.
Délicat, délié.
Délicat, fin.
Délicatesse, finesse.
Délicatesse, sagacité, finesse, pénétration.
Délicatesse, subtilité d'esprit.
Délice, volupté, plaisir.
Délicieux, délectable.
Délié, délicat.
Délié, fin, subtil.
Délié, mince, menu.
Délire, égarement.
Délit, forfait, faute, crime, péché.
Délivrer, affranchir.
Demander, questionner, interroger.
Démanteler, détruire, démolir, raser.
Démarches, allures.
Démêlé, différend.
De même que, ainsi que, comme.
Demeure, habitation, maison, séjour, domicile.
Demeurer, loger.
Demeurer, rester.
Demeurant (au), au surplus, au reste, du reste.
Démission, désistement, abandonnement, abdication, renonciation.
Démolir, démanteler, détruire.
Démon, diable.
Démonstration d'amitié, témoignage d'amitié.
Dénonciateur, délateur, accusateur.
Dénoûment, catastrophe.
Dénué, dépourvu.
Dépeindre, peindre.
De plus, d'ailleurs, outre cela.
Dépouiller (se), dépouiller.
Dépravation, corruption.

Dépriser, mépriser, déprimer dégrader.
Député, ambassadeur, envoyé.
De qualité, de condition.
Dérogation, abrogation.
Déroute, défaite.
Désapprouver, improuver, réprouver.
Désastre, malheur, accident.
Désert, inhabité, solitaire.
Déserteur, transfuge.
Déshonnête, malhonnête.
Désirer, soupirer, convoiter, vouloir, avoir envie, souhaiter.
Désistement, abandonnement, abdication, renonciation, démission.
Désobéissance, contravention.
Désoccupé, inoccupé, désœuvré, inactif, oisif, oiseux.
Désolation, douleur, chagrin, tristesse, affliction.
Dessein, but, vues.
Dessein, projet.
Dessein, volonté, intention.
Destin, destinée, destination.
Destin, hasard, fortune, sort.
Détail, détails.
Détestable, exécrable, abominable.
Détester, abhorrer.
De tous côtés, de toutes parts.
Détroit, défilé, gorges, cols, pas.
Détruire, anéantir.
Détruire, démolir, raser, démanteler.
Devancer, précéder.
Devant, avant.
Développer, éclaircir, expliquer.
Devin, prophète.
Devise, emblème.
Devoir, obligation.
Dévot, dévotieux.
Dévotion, religion, piété.
Dévouement, attachement, attache.
Dextérité, adresse, habileté.
D'humeur, en humeur.
Diable, démon.

Dialecte, patois, jargon, langage, langue, idiôme.

Dialogue, conversation, entretien, colloque.

Diaphane, transparent.

Diction, style, élocution.

Dictionnaire, vocabulaire, glossaire.

Diffamant, infamant, diffamatoire.

Différence, diversité, variété, bigarrure.

Différence, inégalité, disparité.

Différend, démêlé.

Différend, dispute, querelle, noise, rixe.

Difficile, difficultueux.

Difficulté, obstacle, empêchement.

Difformité, laideur.

Diffus, prolixe.

Dignité, gravité, décence.

Diligence, promptitude, célérité, vitesse.

Diligent, expéditif, prompt.

Dîme, décime, décimes.

Dîner (prier de, prier à, inviter à).

Dire un mensonge, faire un mensonge, mentir.

Direction, administration, conduite, gouvernement, régie.

Discernement, jugement.

Disciple, écolier, élève.

Discontinuer, finir, cesser.

Discords, discorde.

Discours, oraison, harangue.

Discrétion, réserve.

Disert, éloquent.

Disette, besoin, nécessité, pauvreté, indigence.

Disparité, différence, inégalité.

Dispute, altercation, contestation, débat.

Dispute, querelle, différend.

Dissimuler, déguiser, cacher.

Distinction, diversité, séparation.

Distinguer, séparer.

Distinguer, discerner, démêler.

Distraire, détourner, divertir.

Distrait, abstrait.

Diurne, quotidien, journalier.

Diversité, séparation, distinction.

Diversité, variété, bigarrure, différence.

Divertissement, réjouissance, récréation, amusement.

Diviser, partager.

Divorce, répudiation.

Docile, doux.

Docte, docteur.

Docte, habile, savant.

Docte, savant, érudit.

Doctrine, littérature, érudition, savoir, science.

Domicile, demeure, habitation, maison, séjour.

Dommage, perte.

Don, présent, donation.

Donner, présenter, offrir.

Donner (se), s'adonner.

Double-sens, équivoque, ambiguité.

Douleur, chagrin, tristesse, affliction, désolation.

Douleur, mal.

Doute, irrésolution, incertitude.

Douteux, incertain, irrésolu.

Doux, humain, bénin.

Droit, debout.

Droit, justice.

Duper, surprendre, tromper, leurrer.

Durable, constant.

Durant, pendant.

Durée, temps.

Ebahi, ébaubi, émerveillé, stupéfait.

Ebauche, esquisse.

Ebouler (s'), s'écrouler.

Ebullition, effervescence, fermentation.

Ecarter, mettre à l'écart, éloigner.

Echange, permutation, change, troc.

Echanger, troquer, permuter.

Echappé (avoir), être échappé.

Echapper (s'), s'évader, s'enfuir, échapper, réchapper.

Eclaircir, expliquer, développer.

Eclairé, clairvoyant.

Eclairé, clairvoyant, instruit, homme de génie.

Eclat, brillant, lustre.

Eclipser, obscurcir.

Ecolier, élève, disciple.

Economie, épargne, parcimonie.

Ecouter, ouïr, entendre.

Ecriteau, épigraphe, inscription.

Ecrivain, auteur.

Effacer, raturer, rayer, biffer.

Effaré, effarouché.

Effectivement, en effet.

Effectuer, exécuter, réaliser.

Efféminer, amollir, énerver.

Effervescence, fermentation, ébullition.

Effigie, image, figure, portrait.

Efforcer (s'), tâcher.

Effrayant, épouvantable, effroyable, terrible.

Effrayé, épouvanté, alarmé.

Effroi, frayeur, épouvante, crainte, peur, appréhension, alarme, terreur.

Effronté, audacieux, hardi.

Effroyable, épouvantable, affreux, horrible.

Effroyable, terrible, effrayant, épouvantable.

Egaler, égaliser.

Egards, considération, déférence, respect.

Egards, ménagements, attention, circonspection.

Egards, ménagements, circonspection, considération.

Eglise, temple.

Egoïsme, personnalité.

Elaguer, émonder.

Elan, élancement.

Elargissement, élargissure.

Election, choix.

Elégance, éloquence.

Elévation, hauteur.

Elève, disciple, écolier.

Elever, soulever, hausser, exhausser, lever.

Elire, choisir.

Elite, fleur.

Elocution, diction, style.

Eloge, louange.

Eloigner, écarter, mettre à l'écart.

Eloquence, élégance.

Eloquent, disert.

Eluder, éviter, fuir.

Emaner, découler, provenir, procéder, dériver.

Embarras, timidité.

Emblème, devise.

Embûche, appât, leurre, piége.

Emissaire, espion.

Emolument, bénéfice, gain, profit, lucre.

Empêchement, difficulté, obstacle.

Empire, autorité, pouvoir.

Empire, règne.

Empire, royaume.

Emplette, achat.

Emplir, remplir.

Emporté, violent.

Emportement, colère, courroux.

Emportement, impétuosité, violence.

Emporter, porter, apporter, transporter.

Emporter, remporter.

Empreindre, imprimer.

Empressement, zèle.

Emulation, jalousie, rivalité.

Emule, émulateur.

En, dans.

En cas, au cas.

Enchaînement, enchaînure.

Enchantement, sort, charme.

Enchanter, charmer, ravir.

Encore, aussi.

Encourager, exciter, animer.

Endroit, place, lieu.

Endurant, patient.

Endurer, supporter, souffrir.

En effet, effectivement.

Energie, force.

Enfant, puéril.
Enfanter, accoucher, engendrer.
Enfin, à la fin, finalement.
Enflé, gonflé, bouffi, boursoufflé.
Engager, obliger.
Engloutir, absorber.
En humeur, d'humeur.
Enjoué, réjouissant, gai.
Ennemi, adversaire, antagoniste.
Ennoblir, anoblir.
Enoncer, exprimer.
Enquérir (s'), s'informer.
Enseigner, apprendre, instruire, informer, faire savoir.
Ensemble, à la fois.
Ensemencer, semer.
Entendement, conception, intelligence, génie, esprit, raison, bon sens, jugement.
Entendre, comprendre, concevoir.
Entendre, écouter, ouïr.
Entendre raillerie, entendre la raillerie.
Entêté, opiniâtre, têtu, obstiné.
Entêtement, opiniâtreté, fermeté.
Enthousiasme, exaltation.
Entier, complet.
Entièrement, entier.
Entourer, enceindre, enclore, environner.
Entremise, médiation.
Entretien, conversation.
Entretien, colloque, dialogue, conversation.
Envahir, s'emparer, usurper.
En vain, vainement, inutilement.
Envie, jalousie.
Envier, avoir envie.
Envier, porter envie.
Envoyé, député, ambassadeur.
Epais, gros.
Epanchement, effusion.
Epargne, ménage, ménagement.
Epigraphe, inscription, écriteau.
Epithète, adjectif.
Epitome, abrégé, sommaire.
Epître, lettre.

Epouvantable, affreux, horrible, effroyable.
Epouvantable, effroyable, terrible, effrayant.
Epouvante, crainte, peur, appréhension, alarme, terreur, effroi, frayeur.
Epouvanté, alarmé, effrayé.
Epreuve, expérience, essai.
Equipage, train.
Equitable, juste.
Equivoque, ambiguïté, double sens.
Equivoque, amphibologique, louche.
Eriger, fonder, établir, instituer.
Errer, vaguer.
Erudit, docte, savant.
Erudition, savoir, science, doctrine, littérature.
Escalier, degré, montée.
Escorter, accompagner.
Espérer, attendre.
Espoir, espérance.
Esprit faible, âme faible, cœur faible.
Esprit, génie.
Esprit (opération de l'), perception, sensation, conscience, idée, notion, pensée.
Esprit (ouvrage de l'), ouvrage d'esprit.
Esprit (subtilité d'), délicatesse.
Esprit, raison, bon sens, jugement, entendement, conception, intelligence, génie.
Esquisse, ébauche.
Essai, épreuve, expérience.
Estimer, priser, apprécier.
Etablir, instituer, ériger, fonder.
Etat, condition.
Etat, situation.
Etonnement, surprise, consternation.
Etouffer, suffoquer.
Etourdi, évaporé, éventé, écervelé.
Etre, exister, subsister.
Etre allé, avoir été.

Etre échappé, avoir échappé.
Etre excellent, exceller.
Etre, exister, subsister.
Etre faible, avoir des faiblesses.
Etroit, strict.
Etudier, apprendre.
Eveiller, réveiller.
Evénement, accident, aventure.
Eviter, éluder, fuir.
Evoquer, invoquer, appeler.
Exactitude, attention, vigilance.
Exactitude, correction.
Exceller, être excellent.
Excepté, hors, hormis.
Exciter, animer, encourager, pousser, inciter, porter.
Excuse, pardon.
Exécrable, abominable, détestable.
Exécuter, réaliser, effectuer.
Exhausser, lever, élever, soulever, hausser.
Exhéréder, déshériter.
Exigu, petit.
Exiler, bannir.
Exister, subsister, être.
Expédient, ressource.
Expéditif, prompt, diligent.
Expérience, essai, épreuve.
Expliquer, développer, éclaircir.
Exposition, exposé.
Expression, mot, terme.
Extérieur, dehors, apparence.
Extérieur, externe.
Extirper, déraciner.
Extravagant, insensé, imbécile, fou.
Extrémité, fin, bout.

Fable, roman, conte.
Fabrique, manufacture, usine.
Fabuleux, faux.
Façade, face.
Facétieux, plaisant.
Fâché, attristé, contristé, mortifié, affligé.
Facile, aisé.
Façon, figure, forme, conformation, manière.

Façons, manières.
Faction, parti.
Faculté, pouvoir, puissance.
Fade, insipide.
Faible, débile.
Faible (être), avoir des faiblesses.
Faible, faiblesse.
Faible, léger, volage, inconstant.
Faim, appétit.
Fainéantise, paresse.
Faire, agir.
Faire aimer de, faire aimer à.
Faire choix, choisir.
Faire savoir, enseigner, apprendre, instruire, informer.
Faire un plan, lever un plan.
Faix, charge, fardeau.
Fallacieux, trompeur, insidieux, captieux.
Fameux, illustre, célèbre, renommé.
Famille, maison.
Famine, disette.
Fanée, flétrie.
Fantasque, bizarre, capricieux, quinteux, bourru.
Fardeau, faix, charge.
Farouche, sauvage.
Fastidieux, dégoûtant.
Fat, impertinent, sot.
Fatal, funeste.
Fatigué, harassé, las.
Fatiguer, lasser.
Faute, crime, péché, délit, forfait.
Faute, défaut, défectuosité, vice, imperfection.
Favorable, propice.
Faveur, crédit.
Fécond, fertile.
Feindre, dissimuler.
Félicitations, congratulations.
Félicité, béatitude, bonheur.
Félicité, bonheur, prospérité.
Félicité, plaisir, bonheur.
Ferme, inébranlable, inflexible, constant.
Fermentation, ébullition, effervescence.

Fermer, enfermer.
Fermeté, constance.
Fermeté, entêtement, opiniâtreté.
Fermeté, stabilité, constance.
Fertile, fécond.
Fier, avantageux, orgueilleux, glorieux.
Fierté, dédain, arrogance.
Figure, forme, conformation, façon.
Figure, portrait, effigie, image.
Filou, voleur, larron, fripon.
Fin, bout, extrémité.
Fin, délicat.
Fin, subtil, délié.
Finesse, délicatesse.
Finesse, pénétration, délicatesse, sagacité, perspicacité.
Finesse, ruse, artifice, adresse, souplesse.
Finesse, ruse, astuce, perfidie.
Fini, parfait.
Finir, cesser, discontinuer.
Finir, terminer, achever.
Flatteur, adulateur.
Flétrie, fanée,
Flexible, souple, docile.
Flots, vagues, ondes.
Foi, croyance.
Folâtre, badin.
Fonder, établir, instituer, ériger.
Force, énergie.
Forcer, violenter, contraindre.
Forfait, faute, crime, péché, délit.
Forme, conformation, façon, figure.
Fort, fortement.
Fort, bien, très.
Fort, robuste, vigoureux.
Fortune, sort, destin, hasard.
Fortuné, heureux.
Fossé, fosse.
Fou, extravagant, insensé, imbécile.
Foudre (la), le foudre.
Fouetter, flageller, fustiger.
Fourbe, fourberie.

Fournir le sel, du sel, de sel.
Fourvoyer (se), s'égarer.
Fragile, faible.
Fragile, frêle.
Franc, franchement.
Franchise, naïveté, ingénuité, sincérité, vérité, véracité.
Frapper, battre.
Frayeur, épouvante, crainte, peur, appréhension, alarme, terreur, effroi.
Frayeur, terreur, peur.
Frêle, fragile.
Fréquemment, souvent.
Fréquenter, hanter.
Fripon, filou, voleur, larron.
Frivole, futile.
Fugitif, fuyard.
Fuir, éviter, éluder.
Funeste, fatal.
Funèbre, funéraire.
Funérailles, obsèques.
Fureur, furie.
Furieux, furibond.
Futur, avenir.

Gager, parier.
Gages, appointements, honoraires.
Gai, enjoué, réjouissant.
Gai, gaillard.
Gaieté, joie.
Gain, profit, lucre, émolument, bénéfice.
Galant, amant.
Galanterie, amour.
Galanterie, coquetterie.
Galimatias, phœbus.
Garantir, préserver, sauver.
Garde, gardien.
Garder, retenir.
Gardes (capitaine des, capitaine aux).
Gardien, garde
Gaspiller, dissiper, dilapider.
Général, universel.
Génie, esprit.
Génie, esprit, raison, bon sens,

jugement, entendement, conception, intelligence.
Génie, goût.
Génie, goût, savoir.
Génie (homme de), éclairé, clairvoyant, instruit.
Génie, talent.
Gens, personnes.
Gentils (les), les païens.
Gérer, régir, diriger, administrer, conduire, gouverner.
Gibet, potence.
Glisser, couler, rouler.
Gloire, honneur.
Glorieux, fier, avantageux, orgueilleux.
Glose, commentaire.
Glossaire, dictionnaire, vocabulaire.
Gouffre, abîme, précipice.
Gourmand, goinfre, goulu, glouton.
Goût (bon), bon sens.
Goût, génie.
Goût, savoir, génie.
Gouvernement, régime.
Gouvernement, régie, direction, administration, conduite.
Grâce, faveur.
Grâces, agréments.
Gracieux, affable, honnête, civil, poli.
Gracieux, agréable.
Grain, graine.
Grand homme, héros.
Grand, vaste.
Grandeur d'âme, générosité, magnanimité.
Grave, sérieux.
Grave, sérieux, prude.
Gravité, décence, dignité.
Gravité, pesanteur, poids.
Grêle, fluet.
Grief, faute, délit.
Gros, épais.
Grossier, rustique, impoli.
Grotte, antre, caverne.
Guérison, cure.

Guerrier, belliqueux, martial, militaire.
Guider, mener, conduire.

Habile, capable.
Habile homme, honnête homme, homme de bien.
Habile, savant.
Habile, savant, docte.
Habileté, capacité.
Habileté, dextérité, adresse.
Habillement, habit, vêtement.
Habitant, bourgeois, citoyen.
Habitation, maison, séjour, domicile, demeure, résidence.
Habitude, coutume.
Hâbleur, menteur, fanfaron.
Haine, aversion, antipathie, répugnance.
Haleine, souffle.
Hameau, village, bourg.
Happer, attraper.
Harangue, discours, oraison.
Harassé, las, fatigué.
Harceler, agacer, provoquer.
Hardi, effronté, audacieux.
Hardiesse, audace, effronterie.
Hargneux, querelleur.
Hasard, fortune, sort, destin.
Hasarder, risquer.
Hâter, presser, dépêcher, accélérer.
Hâtif, précoce, prématuré.
Hausser, exhausser, lever, élever, soulever.
Haut, hautain, altier.
Hérédité, héritage.
Hérétique, hétérodoxe.
Héros, grand homme.
Hiatus, bâillement.
Histoire, fastes, chroniques, annales, mémoires, commentaires, relations, anecdotes, vies.
Historien, historiographe.
Homme de bien, homme d'honneur, honnête homme.
Homme de génie, éclairé, clairvoyant, instruit.

Homme de sens, homme de bon sens.

Honnête, civil, poli, gracieux, affable.

Honnête homme, homme de bien, habile homme.

Honnête homme, homme de bien, homme d'honneur.

Honneur, gloire.

Honneur, probité, vertu.

Honnir, bafouer, vilipender.

Honoraire, gages, appointements.

Honorer, révérer, adorer.

Honte, pudeur.

Horrible, effroyable, épouvantable, affreux.

Hors, hormis, excepté.

Hôtel, palais, château, maison.

Hôtellerie, cabaret, taverne, auberge.

Humain, bénin, doux.

Humeur (d'), en humeur.

Humeur, fantaisie, caprice.

Hymen, hyménée.

Hypocrite, cafard, cagot, bigot.

Ici, là.

Idée (dans l'), dans la tête.

Idée, notion, pensée, opération de l'esprit, perception, sensation, conscience.

Idée, pensée, imagination.

Idiome, dialecte, patois, jargon, langage, langue.

Idiot, bête, stupide.

Ignorant, âne.

Il faut, il est nécessaire, on doit.

Illusion, chimère.

Illustre, célèbre, renommé, fameux.

Image, figure, portrait, effigie.

Imagination, idée, pensée.

Imaginer, s'imaginer.

Imbécile, fou, extravagant, insensé.

Imiter, copier, contrefaire.

Immanquable, infaillible.

Immodéré, démesuré, excessif, outré.

Immunité, exemption.

Imperfection, faute, défaut, défectuosité, vice.

Imperfection, vice, défaut.

Impertinent, sot, fat, insolent.

Impétueux, véhément, violent, fougueux.

Impie, irréligieux, incrédule.

Impliqué, compliqué.

Impoli, grossier, rustique.

Important, arrogant, suffisant.

Importun, fâcheux.

Impôt, imposition, tribut, contribution, subside, subvention, taxe, taille.

Imprécation, malédiction, exécration.

Imprévu, inattendu, inespéré, inopiné.

Impudent, effronté, déhonté, éhonté.

Inhabileté, impéritie.

Inadvertance, inattention.

Inaptitude, insuffisance, incapacité.

Incendie, embrasement.

Incertain, irrésolu, douteux.

Incertitude, doute, irrésolution.

Incertitude, perplexité, irrésolution.

Inclination, amitié, amour, tendresse, affection.

Inclination, penchant, pente, propension.

Inconcevable, incompréhensible, inintelligible.

Inconstant, léger, volage, indifférent, faible.

Inconstance, volage, changeante, légère.

Incroyable, paradoxe.

Inculper, accuser.

Incurable, inguérissable.

Incursion, irruption.

Indécis, irrésolu.

Indemniser, dédommager.

Indifférence, insensibilité.

Indifférent, faible, inconstant, léger, volage.

Indigence, disette, besoin, nécessité, pauvreté.
Indolent, mou.
Indolent, nonchalant, paresseux, négligent, fainéant.
Induire en, induire à.
Industrie, savoir-faire.
Inébranlable, inflexible, constant, ferme.
Ineffable, inénarrable, indicible, inexprimable.
Ineffaçable, indélébile.
Inégalité, disparité, différence.
Inexorable, inflexible, impitoyable, implacable.
Infamant, diffamatoire, diffamant.
Infamie, ignominie, opprobre.
Infatuer, fasciner, entêter.
Infection, puanteur.
Inférer, induire, conclure.
Infidèle, perfide.
Infirmer, casser, révoquer, annuler.
Inflexible, constant, ferme, inébranlable.
Informer, faire savoir, enseigner, apprendre, instruire.
Ingénuité, naïveté, candeur.
Ingénuité, sincérité, franchise, naïveté.
Ingrat à, ingrat envers.
Inhumer, enterrer.
Inimitié, rancune.
Inintelligible, inconcevable, incompréhensible.
Injonction, jussion, commandement, ordre, précepte.
Injure, tort.
Injurier, invectiver.
Inscription, écriteau, épigraphe.
Insensé, imbécile, fou extravagant.
Insensibilité, indifférence.
Insinuer, persuader, suggérer, inspirer, instiguer.
Insipide, fade.
Instant, moment.

Instant, pressant, urgent, imminent.
Instituer, ériger, fonder, établir.
Instruire, informer, faire savoir, enseigner, apprendre.
Instruit, homme de génie, éclairé, clairvoyant.
Insuffisance, incapacité, inaptitude.
Insulte, outrage, avanie, affront.
Insurrection, émeute, sédition, rébellion, révolte.
Intention, dessein, volonté.
Intelligence, génie, esprit, raison, bon sens, jugement, entendement, conception.
Intéressé, attaché, avare.
Intérieur, dedans.
Intérieur, interne, intrinsèque.
Interroger, demander, questionner.
Intrépidité, cœur, courage, valeur, bravoure.
Intrigue, cabale, brigue, parti.
Inutilement, en vain, vainement.
Inventer, trouver.
Invention, découverte.
Inviter à dîner, prier à dîner, prier de dîner.
Invoquer, appeler, évoquer.
Irrésolu, douteux, incertain.
Irrésolu, indécis.
Irrésolution, incertitude, doute.
Irrésolution, incertitude, perplexité.

Jaboter, jaser, caqueter.
Jadis, autrefois, anciennement.
Jaillir, rejaillir.
Jalousie, émulation.
Jalousie, envie.
Jamais (à), pour jamais.
Jargon, langage, langue, idiome, dialecte, patois.
Joie, gaîté.
Joie, satisfaction, plaisir, contentement.
Joindre, accoster, aborder.
Joint, jointure.

Joli, beau.
Jonction, union.
Jour, journée.
Journalier, diurne, quotidien.
Joyau, bijou.
Jugement, discernement.
Jugement, entendement ; conception, intelligence, génie, esprit, raison, bon sens.
Juger, décider.
Jurement, juron, serment.
Juriste, jurisconsulte, légiste.
Jussion, commandement, ordre, précepte, injonction.
Juste, équitable.
Juste, justement.
Justesse, précision.
Justice, droit.
Justice, équité.
Justification, apologie.
Justifier, défendre.

Là, ici.
Labyrinthe, dédale.
Lâche, poltron.
Laconique, concis, bref.
Lacs, lacets, filets.
Laideur, difformité.
Laine, toison.
Lamentable, déplorable, regrettable.
Lamentation, plainte, gémissement.
La naïveté, une naïveté.
Lancer, darder.
Lancer (se), s'élancer.
Landes, friches.
Langage, langue, idiome, dialecte, patois, jargon.
Languissant, langoureux.
Laquais, valet.
Lares, pénates.
Larmes, pleurs.
Larron, fripon, filou, voleur.
Las, fatigué, harassé.
Lasciveté, luxure, lubricité.
Lasser, fatiguer.
Lavement, remède, clystère.
Le, les.

Le, tout.
Légal, légitime, licite, permis.
Léger, volage, indifférent, faible, inconstant.
Légèrement, à la légère.
Lésine, lésinerie.
Lettre, épître.
Leurre, piège, embûche, appât.
Leurrer, duper, surprendre, tromper.
Levant, orient, est.
Lever, élever, soulever, hausser, exhausser.
Lever un plan, faire un plan.
Libéralité, largesse.
Liberté, franchise.
Libre, indépendant.
Licite, permis.
Lier, attacher.
Lieu, endroit, place.
Ligue, confédération, alliance.
Limer, polir.
Limites, bornes, termes.
Limon, bourbe, fange, boue, crotte.
Liquide, fluide.
Lisière, bande, barre.
Liste, catalogue, rôle, nomenclature, dénombrement.
Lit (se mettre au), s'aliter.
Littéralement, à la lettre.
Littérature, érudition, savoir, science, doctrine.
Livrer, délivrer.
Loger, demeurer.
Logis, logement.
Logis, maison.
Loisir, oisiveté.
Longuement, longtemps.
L'on, on.
Lorsque, quand.
Louange, éloge.
Louange, applaudissement.
Louche, équivoque, amphibologique.
Louer, affermer.
Louer, vanter.
Lourd, pesant.
Loyal, franc.

Lucre, émolument, bénéfice, gain, profit.
Lueur, clarté, splendeur.
Lui-même, soi-même.
Luire, reluire.
Lumière, lueur, clarté, éclat, splendeur.
Lustre, éclat, brillant.
Luxe, faste, somptuosité, magnificence.

Maint, plusieurs.
Maintenir, soutenir.
Maintien, contenance.
Maison des champs, maison de campagne.
Maison, famille.
Maison, hôtel, palais, château.
Maison, logis.
Maison, séjour, domicile, demeure, habitation.
Majesté, dignité.
Mal, douleur.
Maladresse, mal-habileté.
Malavisé, imprudent.
Malcontent, mécontent.
Malentendu, quiproquo.
Malfaisant, nuisible, pernicieux.
Mal famé, diffamé.
Malgré, contre.
Malgré, nonobstant, contre.
Malheur, accident, désastre.
Malheureux, misérable.
Malhonnête, déshonnête.
Malice, malignité, méchanceté.
Malin, mauvais, méchant, malicieux.
Malintentionné, mécontent.
Mal parler, parler mal.
Mal plaisant, déplaisant.
Mal proportionné, disproportionné.
Maltraiter, traiter mal.
Maniaque, lunatique.
Manier, toucher.
Manières, air.
Manières, façons.
Manifeste, notoire, public.

Manifester, révéler, déceler, déclarer, découvrir.
Manigance, machination, manège.
Manœuvrier, manœuvre.
Manque, défaut.
Marchandises, denrées.
Marche, démarche.
Marche, degré.
Mari, époux.
Marquer, désigner, indiquer.
Marri, fâché, repentant.
Massacre, carnage, boucherie, tuerie.
Masqué, déguisé, travesti.
Mâter, mortifier, macérer.
Matière, sujet.
Matinal, matineux, matinier.
Mauvais, chétif.
Mauvais, méchant, malicieux, malin.
Méchanceté, malice, malignité.
Mécontent, malcontent.
Mécontent, malintentionné.
Méditation, application, contention.
Méditer, préméditer.
Méfiance, défiance.
Méfier (se), se défier.
Mélancolie, chagrin, tristesse.
Mélancolique, atrabilaire.
Mêler, mélanger, mixtionner.
Mémoire, souvenir, ressouvenir, réminiscence.
Ménage, ménagement, épargne.
Ménagements, attentions, circonspection, égards.
Ménagements, circonspection, considération, égards.
Mener, conduire, guider.
Mensonge, menterie.
Menu, délié, mince.
Merci, miséricorde.
Mériter, être digne.
Mésuser, abuser.
Métamorphose, transformation.
Métier, profession, art, état.
Mettre à l'écart, éloigner, écarter.
Mettre, poser, placer.

Mieux, plus (aimer).
Mignard, mignon, gentil.
Mince, menu, délié.
Mine, physionomie, air.
Minutie, bagatelle, vétille, futilité, misère.
Misérable, malheureux.
Mitiger, adoucir.
Mode (de), à la mode.
Modèle, copie.
Modèle, règle.
Modestie, retenue.
Moisir, rancir.
Moment, instant.
Monceau, tas.
Monde, univers.
Mont, montagne.
Montagneux, montueux.
Montée, escalier, degré.
Montrer, démontrer.
Moquerie, raillerie, plaisanterie, persiflage.
Mort, décès, trépas.
Mortifié, affligé, fâché, attristé, contristé.
Mot, parole.
Mot, terme, expression.
Mou, indolent.
Moyen, voie.
Mur, muraille.
Mutation, changement, révolution.
Mutuel, réciproque.

Naïf, naturel.
Naïveté, candeur, ingénuité.
Naïveté, ingénuité, sincérité, franchise.
Naïveté (la), une naïveté.
Narrer, raconter, conter.
Nation, peuple.
Naturel, tempérament, complexion, constitution.
Néanmoins, toutefois, pourtant, cependant.
Nécessité, pauvreté, indigence, disette, besoin.
Nef, navire.

Négligent, indolent, nonchalant, paresseux.
Négoce, commerce, trafic.
Nègre, noir.
Néologie, néologisme.
Net, propre.
Neuf, nouveau, récent.
Nier, dénier.
Nippes, hardes.
Nocher, pilote, nautonier.
Noircir, dénigrer.
Nom, renom, renommée.
Nombrer, dénombrer.
Nommer, appeler.
Nonchalant, paresseux, négligent, indolent.
Nonobstant, contre, malgré.
Nos ancêtres, nos aïeux, nos pères.
Notes, remarques, observations, réflexions.
Notifier, signifier.
Notion, pensée, opération de l'esprit, perception, sensation, conscience.
Nourrir, alimenter, sustenter.
Nourrissant, nutritif, nourricier.
Nourriture, aliments, subsistance.
Nouveau, récent, neuf.
Nouvelle (avoir), avoir des nouvelles.
Nue, nuée, nuage.
Nuer, nuancer.
Nuit, ténèbres, obscurité.
Nul, aucun.
Numéral, numérique.

Obéissance, soumission.
Obligation, devoir.
Obliger, engager.
Obscur, sombre, ténébreux, morne.
Obscurcir, éclipser.
Obscurité, nuit, ténèbres.
Obséder, assiéger.
Observations, réflexions, notes, remarques.
Observations, réflexions, pensées, considérations.
Observation, observance.

Observer, garder, accomplir.
Observer, remarquer.
Obstacle, empêchement, difficulté.
Obstiné, entêté, opiniâtre, têtu.
Occasion, occurrence, conjoncture, cas, circonstance.
Odeur, senteur.
Odieux, haïssable.
Odorant, odoriférant.
Œillade, coup d'œil, regard.
Œuvre, ouvrage.
Œuvres (bonnes), bonnes actions.
Office, charge, ministère, emploi.
Office, service, bienfait.
Offrande, oblation.
Offrir, donner, présenter.
Offusquer, obscurcir.
Oisif, oiseux.
Oisiveté, loisir.
Ombrageux, soupçonneux, méfiant.
On, l'on.
On doit, il faut, il est nécessaire.
Ondes, flots, vagues.
On ne saurait, on ne peut.
Opération de l'esprit, perception, sensation, conscience, idée, notion, pensée.
Opiner, voter, délibérer.
Opiniâtre, têtu, obstiné, entêté.
Opiniâtreté, fermeté, entêtement.
Opinion, pensée, sentiment.
Opinion, sentiment, avis.
Opprimer, oppresser.
Opter, choisir.
Orage, tempête, bourrasque, ouragan.
Oraison, discours.
Oraison, harangue, discours.
Ordinaire, commun, vulgaire, trivial.
Ordinairement, d'ordinaire, à l'ordinaire, pour l'ordinaire.
Ordonner, commander.
Ordre, précepte, injonction, jussion, commandement.
Ordre, règle.
Orgueil, vanité, présomption.

Orgueilleux, glorieux, fier, avantageux.
Origine, source, souche.
Orner, parer, décorer.
Os, ossements.
Oscillation, vibration.
Ouïr, entendre, écouter.
Ourdir, tramer, machiner, pratiquer.
Outil, instrument.
Outrage, avanie, affront, insulte.
Outrageant, outrageux.
Outre cela, de plus, d'ailleurs.
Ouvrage, œuvre.
Ouvrage de l'esprit, ouvrage d'esprit.

Pacage, pâturage, pâtis, pâture.
Pacifique, paisible.
Paire, couple.
Paix, calme, tranquillité.
Palais, château, maison, hôtel.
Pâle, blême, livide, hâve, blafard.
Panégyrique, éloge.
Parabole, allégorie.
Parade, ostentation.
Paradoxe, incroyable.
Paraître, apparaître.
Pardon, excuse.
Pardon, rémission, absolution.
Paresse, fainéantise.
Paresseux, négligent, indolent, nonchalant.
Parfait, accompli.
Parfait, fini.
Parler mal, mal parler.
Parole, mot.
Parole, parler.
Partager, diviser.
Partager, départir, distribuer, répartir.
Parti, faction.
Participer, prendre part.
Partie, part, portion.
Parure, ajustement.
Pas, point.
Passer, se passer.
Passer, surpasser, dépasser.

Patois, jargon, langage, langue, idiome, dialecte.
Pâtre, berger, pasteur.
Pauvre, indigent, besoigneux, nécessiteux, gueux, misérable, mendiant.
Pauvreté, indigence, disette, besoin, nécessité.
Paie, paiement, solde, salaire.
Payer, acquitter, solder.
Péché, délit, forfait, faute, crime.
Peine, affliction, chagrin.
Peines, afflictions, croix.
Peine (avoir), avoir de la peine à faire une chose.
Penchant, inclination. -
Pendant, durant.
Pendant que, tandis que.
Pénétrable, perméable.
Pénétrant, perçant.
Pénétration, délicatesse, sagacité, finesse.
Pensée, imagination, idée.
Pensée, opération de l'esprit, perception, sensation, conscience, idée, notion.
Pensée, sentiment, opinion.
Pensées, considérations, observations, réflexions.
Penser, songer, rêver.
Penseur, méditatif, rêveur.
Perçant, pénétrant.
Perception, sensation, conscience, idée, notion, pensée, opération de l'esprit.
Perception, sentiment, sensation.
Pères, ancêtres, aïeux.
Perfide, infidèle.
Perfidie, finesse, ruse, astuce.
Périphrase, circonlocution.
Péril, risque, danger.
Périr, dépérir.
Perméable, pénétrable.
Permettre, tolérer, souffrir.
Permis, licite.
Permission, agrément, consentement.
Permutation, change, troc, échange.

Permuter, échanger, troquer.
Perpétuel, continuel, éternel, immortel, sempiternel.
Perplexité, irrésolution, incertitude.
Persévérer, persister, continuer.
Personnage, rôle.
Personnes, gens.
Perspicuité, clarté.
Persuader, suggérer, insinuer.
Persuasion, conviction.
Pesant, lourd.
Pesanteur, poids, gravité.
Pestilentiel, pestiféré.
Pétulance, turbulence, vivacité.
Peu, guère.
Peur, appréhension, alarme, terreur, effroi, frayeur, épouvante, crainte.
Peur, frayeur, terreur.
Peur (avoir), craindre, appréhender, redouter.
Phébus, galimatias.
Phrase adverbiale, adverbe.
Physionomie, air, mine.
Piége, embûche, appât, leurre.
Piété, dévotion, religion.
Piquant, poignant.
Pis, pire.
Pitié, compassion, commisération.
Place, lieu, endroit.
Placer, mettre, poser.
Plain, uni.
Plaindre, regretter.
Plainte, lamentation.
Plaire, complaire.
Plaisanterie, moquerie, raillerie.
Plaisir, bonheur, félicité.
Plaisir, contentement, joie, satisfaction.
Plaisir, délice, volupté.
Plan (lever un), faire un plan.
Planche, ais.
Plausible, probable, vraisemblable.
Plein, rempli.
Plier, ployer.
Plus, davantage.

Plus, mieux (aimer).
Plusieurs, beaucoup.
Poids, gravité, pesanteur.
Point du jour, point de jour.
Point, pas.
Poison, venin.
Poli, gracieux, affable, honnête, civil.
Poli, policé.
Politesse, civilité.
Poltron, lâche.
Pontife, prélat, évêque.
Porter, apporter, transporter, emporter.
Porter envie, envier.
Portion, partie, part.
Portrait, effigie, image, figure.
Poser, placer, mettre.
Posséder, avoir.
Poster, apposter.
Posture, attitude.
Poudre, poussière.
Pour, afin.
Pour, quant.
Poursuivre, continuer.
Pourtant, cependant, néanmoins, toutefois.
Pouvoir, empire, autorité.
Pouvoir, puissance, autorité.
Pouvoir, puissance, faculté.
Précepte, injonction, jussion, commandement, ordre.
Précipice, gouffre, abîme.
Précis, concis, succinct.
Précision, abstraction.
Précision, justesse.
Prédécesseurs, ancêtres.
Prédication, sermon.
Prédiction, prophétie.
Prééminence, supériorité.
Préférer, choisir.
Premier, primitif.
Préoccupation, prévention, préjugé.
Prérogative, privilége.
Près, proche.
Présent, don.
Présenter, offrir, donner.
Présomption, orgueil, vanité.

Présomption, conjecture.
Pressentir, se douter, soupçonner.
Prétexte (sous le), sur le prétexte.
Prêtrise, sacerdoce.
Prévaloir (se), se targuer, se glorifier.
Prier, supplier.
Prier de dîner, prier à dîner, inviter à dîner.
Primitif, premier.
Principe, élément.
Priser, apprécier, estimer.
Privé, apprivoisé.
Priver, frustrer.
Priver (se), s'abstenir.
Privilége, prérogative.
Prix, valeur.
Prix, récompense.
Probité, vertu, honneur, intégrité.
Problématique, douteux, incertain.
Proche, prochain, voisin.
Prodige, miracle, merveille.
Prodigue, dissipateur.
Production, ouvrage.
Profanation, sacrilége.
Proférer, articuler, prononcer.
Profit, avantage, utilité.
Profit, lucre, émolument, bénéfice, gain.
Prohibé, défendu.
Proie, butin.
Projet, dessein, entreprise.
Prolonger, proroger, allonger.
Promettre, s'engager, donner parole.
Prompt, diligent, expéditif.
Promptement, vite, tôt.
Promptitude, célérité, vitesse, diligence.
Promptitude, vivacité.
Prophète, devin.
Propre à, propre pour.
Propres termes, termes propres.
Prospérité, bonheur.
Prospérité, félicité, bonheur.
Protection, auspices.

Protéger, défendre, soutenir.
Protester, attester.
Prouesse, exploit.
Proverbe, adage.
Prude, grave, sérieux.
Prudence, sagesse.
Pudeur, honte.
Puéril, enfant.
Puissance, autorité, pouvoir.
Puissance, faculté, pouvoir.
Pulvériser, atténuer, broyer.
Punir, châtier.
Purger, purifier, épurer.

Qualité (de), de condition.
Qualité, talent.
Quand, lorsque.
Quant à, pour.
Querelle, différend, dispute.
Quereller, gronder.
Questionner, interroger, demander.
Quinteux, bourru, fantasque, bizarre, capricieux.
Quotidien, journalier, diurne.

Rabattre, abattre.
Raccommoder, réconcilier, accorder.
Race, lignée, postérité.
Radieux, rayonnant.
Raillerie, plaisanterie, moquerie.
Raison, bon sens, jugement, entendement, conception, intelligence, génie, esprit.
Râle, râlement.
Rancidité, rancissure.
Rancune, inimitié.
Rangé, réglé.
Rapport, analogie.
Rapport à, rapport avec.
Raser, démanteler, détruire, démolir.
Rassurer, assurer.
Ratification, adhésion, approbation, agrément, consentement.
Raturer, rayer, biffer, effacer.
Ravager, désoler, dévaster, saccager.

Ravi, aise, content.
Réaliser, effectuer, exécuter.
Récent, neuf, nouveau.
Recevoir, accepter.
Recevoir, admettre.
Rechigner, se refrogner.
Rechute, récidive.
Réclamer, revendiquer.
Récolter, recueillir.
Reconnaissance, gratitude.
Réconcilier, accorder, raccommoder.
Récréation, amusement, divertissement, réjouissance.
Rectitude, droiture.
Recueil, collection.
Reculer, rétrograder.
Redouter, avoir peur, craindre, appréhender.
Réflexions, notes, remarques, observations.
Réflexions, pensées, considérations, observations.
Réformation, réforme.
Regarder, concerner, toucher.
Regarder, voir.
Régénération, renaissance.
Régie, direction, administration, conduite, gouvernement.
Région, contrée, pays.
Règle, modèle.
Règle, ordre.
Règle, règlement.
Réglé, rangé.
Réglé, régulier.
Réglément, régulièrement.
Règne, empire.
Regretter, plaindre.
Réjouissance, récréation, amusement, divertissement.
Réjouissant, gai, enjoué.
Relâche, relâchement.
Relevé, sublime.
Religion, piété, dévotion.
Remarquer, observer.
Remarques, observations, réflexions, notes.
Remède, médicament, médecine.
Remettre, restituer, rendre.

Remettre, commettre.
Réminiscence, mémoire, souve-
 nir, ressouvenir.
Rémission, absolution, pardon.
Rempli, plein.
Renaissance, régénération.
Rencontrer, trouver.
Rendre, remettre, restituer.
Renfermer, enfermer.
Renier, abjurer, renoncer.
Renommé, fameux, illustre, cé-
 lèbre.
Renommée, considération, répu-
 tation, célébrité.
Renoncer, renier, abjurer.
Renonciation, démission, désiste-
 ment, abandonnement, abdica-
 tion.
Renonciation, renoncement.
Rente, revenu.
Répandre, verser.
Réponse, réplique, repartie.
Reprendre, réprimander, corri-
 ger.
Représenter, remontrer.
Répugnance, haine, aversion, an-
 tipathie.
Réputation, célébrité, renommée,
 considération.
Réputation, considération.
Réserve, modestie, retenue, dé-
 cence, pudeur.
Réserver, conserver.
Résigner, se démettre.
Résigner (se), se soumettre à son
 sort.
Résolution, décision.
Respect, égards, considération, dé-
 férence.
Respect, vénération.
Respirer, soupirer, aspirer.
Ressemblance, conformité.
Ressouvenir, réminiscence, mé-
 moire, souvenir.
Rester, demeurer.
Restituer, rendre, remettre.
Rétablir, restaurer, réparer.
Retenir, garder.
Retenue, modestie.

Rétif, revêche, récalcitrant.
Retourner, revenir.
Réussite, succès.
Rêve, rêverie.
Rêve, songe.
Réveiller, éveiller.
Révéler, déceler, déclarer, dé-
 couvrir, manifester.
Revenir, retourner.
Révérer, adorer, honorer.
Rêver, penser, songer.
Revêtu, affublé, vêtu.
Révoquer, annuler, infirmer,
 casser.
Richesse, opulence, fortune.
Ridicule, vice, défaut.
Ridicule, risible.
Rigueur, sévérité.
Risque, danger, péril.
Robuste, vigoureux, fort.
Roc, roche, rocher.
Roi, monarque, potentat, souve-
 rain.
Rôle, personnage.
Roman, conte, fable.
Rondeur, rotondité.
Rôt, rôti.
Rouler, glisser, couler.
Route, voie, chemin.
Royaume, empire.
Rude, austère, sévère.
Ruine, décadence.
Ruines, débris, décombres.
Ruse, artifice, adresse, souplesse,
 finesse.
Ruse, astuce, perfidie, finesse.
Rustaud, rustre.
Rustique, impoli, grossier.

Sacrifier, immoler.
Sagacité, finesse, pénétration, dé-
 licatesse.
Sagesse, prudence.
Sagesse, vertu.
Sain, salubre, salutaire.
Salut, salutation, révérence.
Sang-froid, sang rassis, calme,
 sens froid, sens rassis.
Sanglant, ensanglanté.

Satisfaction, contentement.
Satisfaction, plaisir, contentement, joie.
Satisfait, content.
Sauvage, farouche.
Savant, docte, habile.
Savant, érudit, docte.
Savant, habile.
Savant homme, homme savant.
Savoir, génie, goût.
Savoir, science, doctrine, littérature, érudition.
Savoir-faire, industrie.
Savoureux, succulent.
Scrupuleux, consciencieux.
S'échapper, s'enfuir, s'évader.
Sécher, dessécher.
Secourir, aider, assister.
Secrètement, en secret.
Se démettre, abdiquer.
Séditieux, turbulent, tumultueux, tumultuaire.
Séduire, suborner, corrompre.
Sein, giron.
Seing, signature, sceau.
Séjour, domicile, demeure, habitation, maison.
Selon, suivant.
Sembler, paraître.
Semer, ensemencer.
S'emparer, usurper, envahir.
S'enfuir, s'échapper, s'évader.
Sens (bon), bon goût.
Sens (double), équivoque, ambiguïté.
Sens (homme de), homme de bon sens.
Sensation, conscience, idée, notion, pensée, opération de l'esprit, perception.
Sensation, perception, sentiment.
Sensible, tendre.
Sentiment, avis, opinion.
Sentiment, opinion, pensée.
Sentiment, sensation, perception.
Sentinelle, vedette.
Séparation, distinction, diversité.
Séparer, distinguer.
Se passer, passer.

Se piquer, affecter.
Sérieux, grave.
Sérieux, prude, grave.
Serment, jurement, juron.
Serment, vœu.
Sermon, prédication.
Serviable, officieux, obligeant.
Service, bienfait, office.
Servir à rien, servir de rien.
Servitude, esclavage, servage.
Seul, unique.
S'évader, s'échapper, s'enfuir.
Sévère, rude, austère.
Sévérité, rigueur.
Signalé, insigne, remarquable.
Signe, signal.
Silencieux, muet, taciturne.
S'imaginer, imaginer.
Similitude, comparaison.
Simplicité, simplesse, naïveté.
Sincérité, franchise, naïveté, ingénuité.
Singulier, extraordinaire.
Sinueux, tortueux.
Instruire, apprendre.
Situation, état.
Situation, position, disposition.
Sobre, frugal, tempérant.
Sociable, aimable.
Soi, lui.
Soi-même, lui-même.
Soigneusement, avec soin.
Soin, souci, sollicitude.
Solennel, authentique.
Solidité, solide.
Soliloque, monologue.
Sommaire, épitome, abrégé.
Somme, sommeil.
Sommet, sommité, cime, comble, faîte.
Son de voix, ton de voix.
Songer, rêver, penser.
Sort, charme, enchantement.
Sort, destin, hasard, fortune.
Sot, fat, impertinent.
Soudain, subit, soudainement, subitement.
Souffrir, endurer, supporter.
Souffrir, permettre, tolérer.

Souhaiter, soupirer, désirer, convoiter, vouloir, avoir envie.

Soulever, hausser, exhausser, lever, élever.

Soumettre, subjuguer, assujettir, asservir.

Soupçonner, suspecter.

Souplesse, finesse, ruse, artifice, adresse.

Souris, sourire.

Soutenir, protéger, défendre.

Soutien, support, appui.

Souvenir, ressouvenir, réminiscence, mémoire.

Souvent, fréquemment.

Spectre, fantôme.

Splendeur, lueur, clarté.

Stérile, infertile, infécond.

Stabilité, constance, fermeté.

Stoïcien, stoïque.

Stupide, idiot, bête.

Style, élocution, diction.

Sublime, relevé.

Subreptice, obreptice.

Subsistance, nourriture, aliments, denrées, vivres.

Subsistance, substance.

Subsister, être, exister.

Subtil, délié, fin.

Subtilité d'esp it, délicatesse.

Succinct, bref, court.

Succinct, concis, précis.

Suffisamment, assez.

Suffisant, important, arrogant.

Suggérer, insinuer, persuader.

Suite, continuation.

Suivant, selon.

Suivre les exemples, imiter les exemples.

Sujet, matière.

Superficie, surface.

Suppléer, suppléer à.

Supplier, prier.

Support, appui, soutien.

Supporter, souffrir, endurer.

Supposé, apocryphe.

Supposition, hypothèse.

Suprême, souverain.

Sûr, assuré, certain.

Surface, superficie.

Surmonter, vaincre.

Surprendre, tromper, leurrer, duper, décevoir, abuser.

Surprise, consternation, étonnement.

Tact, toucher, attouchement, contact.

Tact, finesse.

Taille, stature.

Taire, se taire, celer, cacher, se cacher.

Talent, génie.

Talent, qualité.

Tapir (se), se blottir.

Tarder, différer.

Tas, monceau.

Taux, taxe, taxations.

Taverne, auberge, hôtellerie, cabaret.

Tel, pareil, semblable.

Témoignage d'amitié, démonstration d'amitié.

Temple, église.

Temps, durée.

Tendre, sensible.

Tendresse, affection, inclination, amitié, amour.

Ténèbres, obscurité, nuit.

Tenir, retenir.

Terme, expression, mot.

Terme, mot.

Termes, limites, bornes.

Termes propres, propres termes.

Terminer, achever, finir.

Terreur, effroi, frayeur, épouvante, crainte, peur, appréhension, alarme.

Terreur, peur, frayeur.

Terrible, effrayant, épouvantable, effroyable.

Tête, chef.

Tête (dans la), dans l'idée.

Têtu, obstiné, entêté, opiniâtre.

Tic, manie.

Tissu, tissure, texture, contexture.

Tolérer, souffrir, permettre.

Tombe, tombeau, sépulcre, sépulture.
Tomber d'accord, consentir, acquiescer, adhérer.
Tomber par terre, tomber à terre.
Tome, volume.
Tonnerre, foudre.
Ton de voix, son de voix.
Tort, injure.
Tors, tordu, tortu, tortué, tortillé.
Tort, préjudice, dommage, détriment.
Tôt, promptement, vite.
Touchant, pathétique.
Toucher, manier.
Toucher, regarder, concerner.
Toucher, émouvoir.
Toujours, continuellement.
Tour, tournure.
Tour, circonférence, circuit.
Tout, chaque.
Tout d'un coup, tout à coup.
Tout, le.
Tout, tout le, tous les.
Toutefois, pourtant, cependant, néanmoins.
Traces, vestiges.
Traduction, version.
Trafic, négoce, commerce.
Train, équipage.
Traîner, entraîner.
Traite, trajet.
Traité, marché.
Traiter mal, maltraiter.
Tranchant, décisif, péremptoire.
Tranquille, posé, rassis, calme.
Tranquillité, paix, calme.
Transé, angoissé.
Transfuge, déserteur.
Transport, translation.
Transporter, transférer.
Transporter, emporter, porter, apporter.
Travail, labeur.
Travers (à), au travers.
Travesti, masqué, déguisé.
Travestissement, déguisement.
Trébucher, broncher.
Trépas, mort, décès.

Très, fort, bien.
Tristesse, affliction, désolation, douleur, chagrin.
Tristesse, mélancolie, chagrin.
Trivial, ordinaire, commun, vulgaire.
Troc, échange, permutation, change.
Tromper, leurrer, duper, surprendre.
Troquer, permuter, échanger.
Troupe, bande, compagnie.
Trouver, découvrir.
Trouver, inventer.
Trouver, rencontrer.
Tumulte, vacarme.
Tuyau, tube.
Type, modèle.

Une naïveté, la naïveté.
Uni, plain.
Union, jonction.
Unique, seul.
Univers, monde.
Universel, général.
Usage, coutume.
User, se servir, employer.
Usurper, envahir, s'emparer.
Utilité, profit, avantage.

Vacances, vacations.
Vacarme, tumulte.
Vagabond, bandit, libertin.
Vagues, ondes, flots.
Vaillance, valeur, vaillantise.
Vaincre, surmonter.
Vaincu, battu, défait.
Vainement, inutilement, en vain.
Valétudinaire, cacochyme, maladif, infirme.
Valet, laquais.
Valeur, bravoure, intrépidité, cœur, courage.
Valeur, courage.
Valeur, courage, bravoure.
Valeur, prix.
Vallée, vallon, val.
Vanité, présomption, orgueil.
Vanter, louer.

Variation, changement.
Variation, variété.
Variation, variété, changement.
Variété, bigarrure, différence, diversité.
Vaste, grand.
Vedette, sentinelle.
Veiller à, veiller sur, surveiller.
Vélocité, vitesse, rapidité.
Vénal, mercenaire.
Vendre, aliéner.
Vénération, respect, révérence, déférence.
Venimeux, vénéneux.
Venin, poison.
Venir, parvenir.
Vérifier, avérer.
Vérité, vrai.
Véritable, vrai.
Verser, répandre.
Version, traduction.
Vertu, honneur, probité.
Vertu, sagesse.
Vestiges, traces.
Vêtement, habillement, habit.
Vêtu, revêtu, affublé.
Veuvage, viduité.
Vexer, molester, tourmenter.
Viande, chair.
Vibration, oscillation.
Vice, défaut, imperfection.
Vice, défaut, ridicule.
Vice, imperfection, faute, défaut, défectuosité.
Vicieux, pervers.
Viduité, veuvage.
Vie, vivre.
Vieux, ancien, antique.
Vigilance, exactitude, attention.
Vigoureux, fort, robuste.
Village, bourg, hameau.

Violemment, violation.
Violent, emporté.
Violenter, contraindre, forcer.
Vis à-vis, en face, face à face.
Viscères, intestins, entrailles.
Vision, apparition.
Visqueux, gluant.
Vite, tôt, promptement, vitement.
Vitesse, diligence, promptitude, célérité.
Vivacité, promptitude, célérité, vitesse, diligence.
Vocabulaire, glossaire, dictionnaire.
Vœu, serment.
Voie, chemin, route.
Voie, moyen.
Voir, apercevoir.
Voir, regarder.
Voix (son de), ton de voix.
Vol, volée, essor.
Volage, changeante, légère, inconstante.
Volage, indifférent, faible, inconstant, léger.
Voler, dérober.
Voleur, larron, fripon, filou.
Volonté, intention, dessein.
Volume, tome.
Volupté, débauche, crapule.
Volupté, plaisir, délice.
Voter, délibérer, opiner.
Vouer, dévouer, dédier, consacrer.
Vouloir, avoir envie, souhaiter, désirer, soupirer, convoiter.
Vrai, véritable, véridique.
Vues, dessein, but.
Vulgaire, trivial, ordinaire, commun.

EXAMEN DES MOTS SYNONYMES

LES PLUS USUELS[1].

A, DE. — *A vous à* implique l'idée d'une convenance générale, d'une attribution essentielle ; *à vous de* indique un rôle particulier, une convenance relative. C'est *à des lois particulières à* égaliser les conditions sociales. C'est *à vous à* décider de son sort. C'est *à vous de sortir*.

ABDIQUER, SE DÉMETTRE (*donner sa démission*), RÉSIGNER. — On abdique le pouvoir souverain ; on se démet d'une charge ou d'un emploi ; on résigne ses fonctions ou ses dignités en faveur de quelqu'un.

ACTE, ACTION. — *Action* se dit de tout ce que l'on fait ; *acte* désigne une action remarquable. On juge les hommes par leurs *actions*, on distingue les héros par leurs *actes*.

En jurisprudence on dit intenter une *action* pour *faire un procès*; on dit faire un *acte* pour *rédiger une pièce légale*.

ACCUMULER, AMASSER. — Le meilleur moyen d'*amasser* du bien est de travailler. L'avare *accumule* ses richesses. *Amasser* signifie donc thésauriser dans le sens favorable ; *accumuler* implique au contraire l'idée d'amasser outre mesure.

ADHÉRENT, ATTACHÉ, ANNEXÉ. — Une chose est *adhérente* par l'union que produit la nature ou la continuité de la matière. Elle est *attachée* par des liens arbitraires, mais réels, avec lesquels on la fixe dans la place ou dans la situation où l'on veut qu'elle demeure. Elle est *annexée* par une sim-

[1] Nous n'avons pas cherché ici un ordre alphabétique ; il n'aurait aucune utilité, les mots synonymes ne commençant pas par les mêmes lettres; par exemple : *adresse* et *souplesse*. Mais nous donnons au verso du titre une table des matières par ordre alphabétique indiquant tous les mots dont il est question dans ces pages.

ple jonction morale, effet de la volonté et de l'institution humaine.

Les branches sont *adhérentes* au tronc, et la statue l'est à son piédestal, lorsque le tout est d'un seul morceau. Les voiles sont *attachées* au mât, et les tapisseries aux murs. Il y a des emplois *annexés* à d'autres pour les rendre plus considérables.

Adhérent, comme synonyme d'attaché, se prend exclusivement dans le sens littéral.

Attaché s'emploie fréquemment dans le sens figuré. *Annexé* tient un peu du style législatif, et passe quelquefois du littéral au figuré.

Les excroissances qui se forment sur les parties du corps animal sont plus *adhérentes*, selon la profondeur de leurs racines. Il n'est pas encore décidé que l'on soit plus fortement *attaché* par les liens de l'amitié que par ceux de l'intérêt, les inconstants n'étant pas moins rares que les ingrats. Il semble que l'air fanfaron soit *annexé* à la fausse bravoure, et la modestie au vrai mérite.

ADRESSE, SOUPLESSE, FINESSE, RUSE, ARTIFICE. — *L'adresse* consiste à employer avec intelligence les moyens nécessaires pour réussir. La *souplesse* est, au moral comme au physique, la qualité de savoir éviter les obstacles, soit en les franchissant, soit en se ployant assez pour passer au dessous. La *finesse* est l'art d'insinuer ce que l'on veut faire admettre, et de pressentir les difficultés qu'on aura à surmonter. La *ruse* est l'art de tromper; elle a besoin de finesse pour préparer ses moyens, et d'adresse pour les mettre à exécution. L'*artifice* déguise le fond sous la forme; il est en quelque sorte une ruse étudiée et permanente, dont le but est d'arriver à ses fins sans avoir laissé soupçonner les moyens.

Un négociant doit être *adroit* (synonyme *habile*); un courtisan doit être *souple* (synonymes *docile, complaisant*); un politique doit être *fin* (synonymes *clairvoyant, pénétrant*); un espion doit être *rusé* (synonymes *fourbe, habile à tromper*); un juge d'instruction doit être *artificieux* (synonymes *captieux, insinuant, habile à donner le change, fin à pénétrer*).

Les mots ruse et artifice se prennent souvent en mauvaise part. Dans ces cas, *ruse* est synonyme de tromperie, et *artifice* est synonyme de mensonge.

AFFABLE, CIVIL, HONNÊTE, POLI. — On est *honnête* en observant les règles de la civilité et de la bienséance; c'est le résultat de la bonne éducation. On est *civil* par l'empressement mis à pratiquer les règles de l'honnêteté. On est *poli* par le tact des manières. On est *affable* par la bienveillance avec laquelle on se laisse aborder par ses inférieurs.

AGIR, FAIRE. — On *fait* une chose; on *agit* pour la faire. Faire est un verbe actif qui marque une action retombant sur un objet. Agir est un verbe neutre indiquant l'action. Le sage, en tout ce qu'il *fait, agit* avec réflexion.

AGRANDIR, AUGMENTER, AJOUTER, CROÎTRE. — *Agrandir* sa maison, *augmenter* ses dépenses; *ajouter* une ferme à son domaine; les arbres *croissent* vite dans une bonne terre. On se sert d'*agrandir* lorsqu'il s'agit d'étendue, d'*augmenter* lorsqu'il s'agit de nombre, d'*ajouter* lorsqu'il s'agit de la réunion d'une chose nouvelle à une chose déjà existante, de *croître* lorsqu'on veut donner l'idée d'une chose qui se développe en hauteur, en longueur ou en épaisseur, par son action propre, sans l'annexion d'une chose de même nature. C'est ce qui constitue la différence de croître et d'augmenter.

AGRÉABLE, DÉLECTABLE, GRACIEUX. — La lecture d'un ouvrage bien écrit est *agréable;* la vue d'un beau paysage est *agréable;* la conversation de personnes aimables est *agréable.* En un mot, tout ce qui offre un charme à notre esprit ou à nos yeux est *agréable. Délectable* employé dans le même sens avec l'idée de rendre plus forte l'expression serait prétentieux et n'aurait pas de sens vrai; *délectable* suppose une idée de sensualité matérielle et ne s'applique convenablement qu'aux choses du manger et du boire. *Gracieux* implique l'idée d'agréable dans la forme.

AIMER, CHÉRIR. — *Chérir* exprime plus d'attachement, de tendresse et d'attention. *Aimer* suppose plus de diversité dans la manière.

L'Évangile commande d'*aimer* le prochain comme soi-même, et défend d'*aimer* la créature plus que le Créateur.

L'enfant *chéri* est souvent celui de la famille qui *aime* le moins son père et sa mère.

AIR, MANIÈRES. — L'*air* se dit de l'aspect général qu'une

personne présente à la vue, soit que, par l'expression de sa physionomie, elle semble méchante, bête, bonne ou spirituelle, soit que, par sa tenue, elle paraisse gauche, timide, effrontée ou élégante. Les *manières* se font connaître par les relations de la vie; les *belles manières* sont l'art de se conduire avec élégance, avec tact; souvent tel déplaît à l'abord par son *air*, qui vous séduit ensuite par ses *manières*. *Manières*, pris dans le sens d'affectation, a pour synonyme *façons*.

APPUI, SOUTIEN, SUPPORT. — L'*appui* fortifie; on le met tout auprès pour résister à l'impulsion des corps étrangers. Le *soutien* porte; on le place au-dessous pour empêcher de succomber sous le fardeau. Le *support* aide; il est à l'un des bouts pour servir de jambage.

Une muraille est *appuyée* par des arcs-boutants. Une voûte est *soutenue* par des colonnes. Le toit d'une maison est *supporté* par les gros murs.

Dans le sens figuré, l'*appui* a plus de rapport à la force et à l'autorité; le *soutien* en a plus au crédit et à l'habileté; le *support* en a davantage à l'affection et à l'amitié. On emploie rarement ce dernier mot au figuré, où il ne présente pas un sens suffisamment exact.

ASSURÉ, CERTAIN, SUR. — *Certain* semble mieux convenir à l'égard des choses de spéculation, et partout où la force de l'évidence a lieu; les premiers principes sont *certains*; ce que la raison démontre l'est aussi. *Sûr* paraît être à sa place dans les choses qui concernent la pratique, et dans tout ce qui sert à la conduite; les règles générales sont *sûres*, ce que l'épreuve vérifie l'est également. *Assuré* a un rapport particulier à la durée des choses et au témoignage des hommes: les événements ne peuvent être mieux *assurés* que par l'attestation des témoins oculaires ou par l'uniformité des relations.

On est *certain* d'un point de science. On est *sûr* d'une maxime de morale. On est *assuré* d'un fait ou d'un trait d'histoire.

L'homme docte doute de tout ce qui n'est pas *certain*. Le prudent se défie de tout ce qui n'est pas *sûr*. Le sage abandonne aux préjugés populaires tout ce qui n'est pas suffisamment *assuré*.

AVARE, AVARICIEUX. — *Avare* convient mieux lorsqu'il s'agit dé l'habitude et de la passion même de l'avarice; *avaricieux* se dit plus proprement lorsqu'il n'est question que d'un acte ou d'un trait particulier de cette passion.

Un homme qui ne donne jamais passe pour *avare*. Celui qui manque à donner dans l'occasion ou qui donne trop peu s'attire l'épithète d'*avaricieux*.

L'*avare* se refuse toutes choses. L'*avaricieux* ne se les donne qu'à demi.

On n'emploie jamais qu'en mauvaise part et dans le sens littéral le mot d'*avaricieux*; mais on se sert quelquefois de celui d'*avare* en bonne part dans le sens figuré.

Un habile général ne paye point ses espions en homme *avaricieux*, et conduit ses troupes comme un homme *avare* du sang du soldat, qu'il craint de prodiguer.

Il est permis d'être *avare* du temps, mais il ne faut pas, pour le ménager, prodiguer sa santé. Ce n'est pas être libéral que de donner d'un air *avaricieux*.

AVOIR ACCÈS, ABORDER, APPROCHER, JOINDRE, ACCOSTER. — On a *accès dans* une maison ou dans un lieu où l'on entre. On a *accès auprès* de quelqu'un. On *aborde*, au propre, dans une île, sur une côte; on aborde une personne en s'approchant d'elle pour lui parler. On *approche* les objets ou les personnes en étant près ou proche d'eux; on approche les personnes avec lesquelles on est souvent.—On *joint*, au propre, en rapprochant des objets de façon qu'ils se touchent; au figuré, rapprocher deux personnes (synonyme, dans ce cas, *unir*), ou bien encore s'approcher de quelqu'un pour l'aborder. — *Accoster* une personne, c'est s'approcher d'elle pour se placer à côté d'elle.— Les navires *accostent* les terres dont ils s'approchent.

Les princes *donnent accès*; ils se laissent *aborder* et ils permettent à leurs amis de les *approcher*. — On se *joint* pour être ensemble; on s'*accoste* pour se parler; on s'*aborde* pour se saluer et causer. On *accoste* un étranger auquel on a quelque chose à demander; on *aborde* un ami ou une connaissance.

DEXTÉRITÉ, HABILETÉ. — *Dextérité* rend l'idée d'une chose exécutée promptement, avec adresse. Cette idée se rapporte plus particulièrement à l'action matérielle; dans ce sens, dextérité est synonyme d'*adresse* pris au propre. L'*habileté* demande plus que l'adresse matérielle; elle suppose l'adresse morale, c'est-à-dire la conception nécessaire pour atteindre le but qu'on se propose. On voit des gens assez *habiles* pour faire croire à leur *adresse* (matériellement parlant) alors qu'ils sont de leur nature très maladroits. Dextérité aurait pour synonymes : promptitude adroite, habileté, talent de savoir-faire.

On donne quelquefois pour synonyme d'*habileté*, pris dans le sens de talent, le mot *capacité*. Nous nous permettrons de repousser complétement cette synonymie ; capacité, dans son sens propre, implique l'idée de contenir ; dans son sens figuré, elle signifie *portée de l'esprit*. Mais on peut être habile sans avoir un grand esprit, et on peut avoir une très haute portée d'esprit sans être habile.

DOCTE, SAVANT. — L'homme *docte* est celui qui possède de l'érudition ; cette expression implique une sorte d'universalité dans les connaissances. Le *savant* est celui qui possède à fond une science : on est un savant mathématicien, un savant chimiste ; mais docte n'admet pas une désignation spéciale. Quand il y a une division à établir, on emploie le mot docteur : docteur en médecine, docteur en droit. L'usage confond souvent docte et pédant, bien que ces mots soient très différents ; car le pédant est, dans le sens propre, celui qui enseigne, et dans l'intention critique, celui qui affecte d'enseigner ce qu'il sait et même ce qu'il ne sait pas. Un homme peut être docte sans faire partie du corps enseignant, et peut avoir une grande modestie. Toutefois, il est préférable, dans la crainte d'éveiller une idée confuse, d'employer le mot *érudit*.

DURABLE, CONSTANT. — Ce qui est *durable* ne cesse point ; il est ferme par sa solidité. Ce qui est *constant* ne change pas ; il est ferme par sa résolution.

Il n'est point de liaisons *durables* entre les hommes, si elles ne sont fondées sur le mérite et sur la vertu. L'amitié la plus *constante* unit ces jeunes gens.

EFFIGIE, IMAGE, FIGURE, PORTRAIT. — L'*effigie* tient la place de la chose même. L'*image* en représente simplement l'idée. La *figure* en montre l'attitude et le dessin. Le *portrait* reproduit la ressemblance.

On pend en *effigie* les criminels fugitifs. On peint des *images*, des faits mémorables. On fait des *figures* équestres des princes. On grave les *portraits* des hommes illustres.

Effigie et *portrait* ne se disent dans le sens littéral qu'à l'égard des personnes. *Image* et *figure* se disent de toutes sortes de choses.

Portrait se dit dans le sens figuré pour la description par écrit d'une personne, d'un animal ou d'un caractère.

On nomme *figures* en rhétorique certaines formes consistant dans l'emploi de mots ou de tournures de phrases faisant *image*, c'est-à-dire présentant d'une manière plus vive et plus saisissante que le mot littéralement propre l'idée qu'on veut exprimer.

Enfin *image* se dit encore, au figuré, des peintures qui se font dans l'esprit par l'impression des choses qui ont passé par les sens. L'*image* des affronts qu'on reçoit ne s'efface point sitôt de la mémoire.

FAÇON, FIGURE, FORME, CONFORMATION. — La *façon* est l'art de faire; la *figure* est le résultat du dessin; la *forme* est l'aspect de l'ensemble; *conformation* remplace *forme* quand il s'agit des parties d'un être vivant.

Façon, figure et forme s'emploient au figuré, ce qui ne peut avoir lieu pour conformation.

Chacun a sa *façon* propre de penser et d'agir. Un homme qui souffre fait une triste *figure* avec des gens en pleine santé, qui ne respirent que la joie. La *forme* devient souvent plus essentielle que le fond.

FOU, EXTRAVAGANT, INSENSÉ, IMBÉCILE. — Le *fou* manque de raison, et se conduit par la seule impression mécanique. L'*extravagant* manque par la règle, et suit ses caprices. L'*insensé* manque par l'esprit, et marche sans lumière. L'*imbécile* manque par les organes, et va par le mouvement d'autrui sans aucun discernement.

Les *fous* ont l'imagination forte; les *extravagants* ont les idées singulières; les *insensés* les ont bornées; les *imbéciles* n'en ont point de leur propre fond.

F STABILITÉ, CONSTANCE, FERMETÉ. — La *stabilité* empêche de varier, et soutient le cœur contre les mouvements de légèreté et de curiosité que la diversité des objets pourrait y produire; elle tient de la préférence, et justifie le choix. La *constance* empêche de changer, et fournit au cœur des ressources contre le dégoût et l'ennui d'un même objet; elle tient de la persévérance, et fait briller l'attachement. La *fermeté* empêche de céder, et donne au cœur des forces contre les attaques qu'on lui porte; elle tient de la résistance, et répand un éclat de victoire.

UNION, JONCTION. — L'*union* exprime l'idée des choses distinctes, mais qui se lient l'une à l'autre par des rapports assez étroits pour ne sembler former qu'une chose commune. L'*union* de l'âme et du corps; l'*union* des couleurs. L'idée inverse à celle d'union est division.

La *jonction* exprime l'idée de rapprochement, mais sans une liaison intime qui puisse faire perdre aux choses jointes leur caractère particulier et distinct. La *jonction* des navires forme une escadre. La *jonction* des ruisseaux forme les rivières.

Union s'emploie au figuré. On dit l'union de deux personnes pour indiquer leur parité ou conformité de sentiment; mais jonction conserve toujours son sens littéral.

ENSEIGNER, APPRENDRE, INSTRUIRE, INFORMER, FAIRE SAVOIR. — *Enseigner*, c'est donner des leçons. *Apprendre*, c'est profiter des leçons qu'on reçoit. *Instruire* quelqu'un, c'est compléter son instruction; *instruire une affaire* (style d'administration ou de jurisprudence), c'est réunir tous les éléments nécessaires à la connaissance complète des choses. *Informer*, c'est faire connaître aux gens les faits qui les concernent. *Faire savoir*, est simplement donner avis.

Enseigner et *apprendre*, se rapportent à tout ce qui est propre à cultiver l'esprit.

Instruire, informer, faire savoir, se rapportent surtout à ce qui est utile à la conduite de la vie et aux affaires.

AVARE, INTÉRESSÉ. — Un homme *avare* aime la possession de l'or pour l'or lui-même, sans chercher à le faire fructifier. L'homme *intéressé* aime l'or, surtout pour le bénéfice qu'il peut en retirer, et ne fait rien gratuitement.

AUSTÈRE, SÉVÈRE, RUDE. — On est *austère* par la manière de vivre; *sévère* par la manière de penser; *rude* par la manière d'agir et de parler.

BATAILLE, COMBAT. — La *bataille* est une action plus générale et, ordinairement, précédée de quelques préparatifs. Le *combat* semble être une action plus particulière et souvent imprévue.

TERME, LIMITES, BORNES. — Le *terme* est un point; les *limites* sont une ligne; les *bornes* un obstacle.

Le *terme* est où l'on peut aller. Les *limites* sont ce qu'on ne doit pas passer. Les *bornes* ce qui empêche de passer outre.

Le *terme* et les *limites* appartiennent à la chose; ils la finissent. Les *bornes* lui sont étrangères; elles la renferment dans le lieu qu'elle occupe.

ACHEVER, FINIR, TERMINER. — On *achève* ce qui est commencé, en continuant à y travailler. On *finit* ce qui est avancé, en y mettant la dernière main. On *termine* ce qui ne doit pas durer, en faisant discontinuer.

PARFAIT, FINI. — Le *parfait* regarde proprement la beauté qui naît du dessin et de la construction de l'ouvrage; et le *fini*, celle qui vient du travail et de la main de l'ouvrier. L'un exclut tout défaut, et l'autre montre un soin particulier et une attention au plus petit détail.

Ce qu'on peut mieux faire n'est pas *parfait*. Ce qu'on peut encore travailler, n'est pas *fini*.

ENTIER, COMPLET. — Une chose est *entière*, lorsqu'elle n'est ni mutilée, ni brisée, ni partagée. Elle est *complète*, lorsqu'il ne lui manque rien, et qu'elle a tout ce qui lui convient.

PLEIN, REMPLI. — On remplit un vase jusqu'à ce qu'il soit *plein*; remplir est l'action, être plein est le fait. Un vase est *plein* quand il devient impossible de verser en plus; un vase est *rempli* quand on l'a pris à l'état vide pour l'amener à l'état plein.

Aux noces de Cana, les pots furent *remplis* d'eau, et par miracle, ils se trouvèrent *pleins* de vin.

PRÉCIS, CONCIS. — *Précis* regarde ce qu'on dit, et *concis*, la manière dont on le dit. L'un a la chose pour objet, et l'autre l'expression. Le premier va au fait, le second en abrège l'expression.

On écrit des *précis* d'histoire ou de sciences; on fait des discours *concis*.

Étendu est l'opposé de *précis*; *diffus* ou *long* l'opposé de *concis*.

BUT, VUES, DESSEIN, PROJET. — Le *but* est plus fixe; c'est où l'on veut aller; on suit les routes qu'on croit y aboutir, et l'on fait ses efforts pour y arriver. Les *vues* sont plus vagues; c'est ce qu'on veut procurer; on prend les mesures qu'on juge y être utiles, et l'on tâche de réussir. Le *dessein* est plus ferme: c'est ce qu'on veut exécuter; on met en œuvre les moyens qui paraissent y être propres; et on travaille à en venir à bout.

Un bon prince n'a d'autre *dessein* dans son gouvernement, que de rendre son Etat florissant par les arts, les sciences, la justice et l'abondance, parce qu'il a le bonheur des peuples en *vue*, et la vraie gloire pour *but*.

Le véritable chrétien n'a d'autre *but* que le ciel, d'autre *vue* que de plaire à Dieu, ni d'autre *dessein* que de faire son salut.

On se propose un *but*. On a des *vues*. On forme un *dessein*.

La raison défend de se proposer un *but* où il n'est pas possible d'atteindre, d'avoir des *vues* chimériques, et de former des *desseins* qu'on ne saurait exécuter.

Si mes *vues* sont justes, j'ai dans la tête un *dessein* qui me fera arriver à mon *but*.

Le *projet* est un plan ou un arrangement de moyens pour l'exécution d'un *dessein*: le *dessein* est ce qu'on veut exécuter.

On dit ordinairement des *projets*, qu'ils sont beaux; des *desseins*, qu'ils sont grands.

DE BON GRÉ, DE BONNE VOLONTÉ, DE BON CŒUR, DE BONNE GRACE. — On agit *de bon gré*, lorsqu'on n'y est pas forcé; *de bonne volonté*, lorsqu'on n'y a point de répugnance; *de bon cœur*, lorsqu'on y a de l'inclination; et *de bonne grâce*, lorsqu'on fait preuve de bienveillance ou de satisfaction.

Ce qui est fait *de bon gré* est fait librement. Ce qui est fait *de bonne volonté* est fait sans peine. Ce qui est fait *de bon cœur* est fait avec affection. Ce qui est fait *de bonne grâce* est fait avec politesse.

Il faut se soumettre *de bon gré* aux lois; obéir à ses maîtres *de bonne volonté*; servir ses amis *de bon cœur*; et faire plaisir à ses inférieurs *de bonne grâce*.

CACHER, DISSIMULER, DÉGUISER. — On *cache* par un profond secret ce qu'on ne veut pas manifester. On *dissimule* par une conduite réservée ce qu'on ne veut pas faire apercevoir. On *déguise* par des apparences contraires ce qu'on veut dérober à la pénétration d'autrui.

Il y a du soin et de l'attention à *cacher*; de l'art et de l'habileté à *dissimuler*; du travail et de la ruse à *déguiser*.

CHARGE, FARDEAU, FAIX. — La *charge* est ce qu'on doit ou ce qu'on peut porter. Le *fardeau* est ce qu'on porte. Le *faix* joint à l'idée de ce qu'on porte celle d'une fatigue sur ce qui porte.

On dit de la *charge*, qu'elle est forte; du *fardeau*, qu'il est lourd; et du *faix*, qu'il accable.

SAGESSE, PRUDENCE. — La *sagesse* fait agir et parler à propos. La *prudence* empêche de parler et d'agir mal à propos.

Il semble que la *sagesse* soit plus éclairée, et que la *prudence* soit plus réservée.

Le *sage* emploie les moyens qui paraissent les plus propres pour réussir; il se conduit par les lumières de la raison. Le *prudent* prend les voies qu'il croit les plus sûres, il ne s'expose point dans des chemins inconnus.

CHÂTIER, PUNIR. — On *châtie* celui qui a fait une faute, afin de l'empêcher d'y retomber; on veut le rendre meilleur. On *punit* celui qui a commis un crime, pour le lui faire expier; on veut qu'il serve d'exemple.

Les pères *châtient* leurs enfants. Les juges font *punir* les malfaiteurs.

GARDER, RETENIR. — On *garde* ce qu'on ne veut pas donner. On *retient* ce qu'on ne veut pas rendre.

Nous *gardons* notre bien. Nous *retenons* celui d'autrui.

L'avare *garde* ses trésors. Le débiteur *retient* l'argent de son créancier.

EXCITER, ANIMER, ENCOURAGER. — *Exciter*, c'est inspirer le désir ou réveiller la passion. *Animer*, c'est pousser à l'action déjà commencée, et tâcher d'en empêcher le ralentissement. *Encourager*, c'est dissiper la crainte ou la timidité par l'espérance d'un succès facile.

VALEUR, PRIX. — Le mérite des choses en elles-mêmes en fait la *valeur*; et l'estimation en fait le *prix*.

La *valeur*, est la règle du *prix*.

De deux choses, celle qui est d'une plus grande *valeur* vaut mieux ; et celle qui est d'un plus grand *prix* vaut plus.

VIOLENT, EMPORTÉ. — Un homme *violent* est prompt à lever la main ; il frappe aussitôt qu'il menace. Un homme *emporté* se fâche aisément.

Il faut se tenir sur ses gardes avec les personnes *violentes*, et il ne faut souvent que de la patience avec les personnes *emportées*.

RÈGLE, RÈGLEMENT. — La *règle* regarde les choses qu'on doit faire, et le *règlement* la manière dont on doit les faire. On se soumet à la *règle*, on se conforme au *règlement*.

INTÉRIEUR, DEDANS. — L'*intérieur* est caché par l'extérieur. Le *dedans* est renfermé par les dehors.

Il faut savoir pénétrer dans l'*intérieur* des hommes, pour n'être pas la dupe de leur extérieur. Un bâtiment doit être commode en *dedans*, et régulier *en dehors*.

SITUATION, ÉTAT. — *Situation* dit quelque chose d'accidentel et de passager. *État* dit quelque chose d'habituel et de permanent.

La vicissitude des événements de la vie fait souvent que les plus sages se trouvent dans de tristes *situations*, et que l'on peut être réduit dans un *état* déplorable, après avoir longtemps vécu dans un *état* brillant.

ÉCLAIRÉ, CLAIRVOYANT. — L'homme *éclairé* ne se trompe pas, il sait. Le *clairvoyant* ne se laisse pas tromper, il distingue.

L'étude rend *éclairé*. L'esprit rend *clairvoyant*.

PERÇANT, PÉNÉTRANT. — Le mot de *perçant* tient de la force de la lumière et du coup d'œil. Celui de *pénétrant* tient de la force de l'attention et de la réflexion. Un esprit *perçant* voit les choses au travers des voiles dont on les couvre: il est difficile de lui cacher la vérité, il ne se laisse point tromper. Un esprit *pénétrant* approfondit les choses, sans s'arrêter à la superficie; il n'est pas aisé de lui donner le change, il ne se laisse point amuser.

JOIE, GAIETÉ. — La *joie* est dans le cœur. La *gaieté* est dans les manières. L'une consiste dans un doux sentiment de l'âme; l'autre dans une agréable situation d'esprit.

Il arrive quelquefois, que la possession d'un bien, dont l'espérance nous avait causé beaucoup de *joie*, nous procure beaucoup de chagrin. Il ne faut souvent qu'un tour d'imagination, pour faire succéder une grande *gaieté* aux larmes qui paraissent les plus amères.

SATISFAIT, CONTENT. — On est *satisfait*, quand on a obtenu ce qu'on souhaitait. On est *content*, lorsqu'on ne souhaite plus.

Il arrive souvent qu'après s'être *satisfait*, on n'en est pas plus *content*.

La possession doit toujours nous rendre *satisfaits*; mais il n'y a que le goût de ce que nous possédons qui puisse nous rendre *contents*.

PARABOLE, ALLÉGORIE. — La *parabole* a pour objet les maximes de morale, et l'*allégorie* les faits d'histoire. L'une et l'autre sont une espèce de voile, qu'on peut rendre plus ou moins transparent, et dont on se sert pour couvrir le sens principal, en ne le présentant que sous l'apparence d'un autre. Ce déguisement se fait dans la *parabole*, par la substitution d'un autre sujet, peint avec des couleurs convenables à celui qu'on a en vue. Il s'exécute dans l'allégorie, en introduisant des personnages étrangers et arbitraires au lieu des véritables, ou en changeant le fond réel de la description en quelque chose d'imaginé.

CONTINUATION, CONTINUITÉ. — *Continuation* est pour la durée. *Continuité* est pour l'étendue.

On dit : la *continuation* d'un travail et d'une action, la *continuité* d'un espace et d'une grandeur, la *continuation* d'une même conduite, et la *continuité* d'un même édifice.

DEVOIR, OBLIGATION. — Le *devoir* dit quelque chose de plus fort pour la conscience: il tient de la loi. La vertu nous engage à nous en acquitter. L'*obligation* dit quelque chose de plus absolu pour la pratique: elle tient de l'usage; le monde ou la bienséance exige que nous la remplissions.

On manque à un *devoir*. On se dispense d'une *obligation*

VIVACITÉ, PROMPTITUDE. — La *vivacité* tient beaucoup de

la sensibilité et de l'esprit: les moindres choses piquent un homme *vif*; il sent d'abord ce qu'on lui dit, et réfléchit moins qu'un autre dans ses réponses. La *promptitude* tient davantage de l'humeur et de l'action: un homme *prompt* est plus sujet aux emportements qu'un autre; il a la main légère et il est expéditif au travail.

L'indolence est l'opposé de la *vivacité*; et la lenteur l'est de la *promptitude*.

CORRIGER, REPRENDRE, RÉPRIMANDER. — Celui qui *corrige* montre ou veut montrer la manière de rectifier le défaut. Celui qui *reprend* ne fait qu'indiquer ou relever la faute. Celui qui *réprimande* prétend punir ou mortifier le coupable.

Corriger regarde toutes sortes de fautes, soit en fait de mœurs, soit en fait d'esprit ou de langage. *Reprendre* ne se dit guère que pour les fautes d'esprit et de langage. *Réprimander* ne convient qu'à l'égard des mœurs et de la conduite.

Il faut *corriger* avec intelligence, *reprendre* avec politesse, et *réprimander* avec bonté et sans aigreur.

DANGER, PÉRIL, RISQUE. — *Danger* regarde le mal qui peut arriver. *Péril* et *risque* regardent le bien qu'on peut perdre; avec cette différence, que le *péril* dit quelque chose de plus prochain, et que *risque* indique d'une façon plus éloignée la possibilité de l'événement. De là ces expressions : en *danger* de mort, au *péril* de la vie, sauf à en courir les *risques*.

Le véritable soldat ne craint point le *danger*, s'expose au *péril*, et court tranquillement tous les *risques* du métier.

DEMEURER, LOGER. — Ces deux mots sont synonymes dans le sens où ils signifient la résidence; mais *demeurer* se dit par rapport au lieu topographique où l'on habite; et *loger*, par rapport à l'édifice où l'on se retire. On *demeure* à Paris, en province, à la ville, à la campagne. On *loge* au Louvre, chez soi, en hôtel garni.

GAGES, APPOINTEMENTS, HONORAIRES. — L'acception dans laquelle ces mots sont synonymes n'admet les deux premiers qu'au pluriel. Cette différence dans l'emploi grammatical n'est pas ce qui en distingue le caractère essentiel; ce sont les diverses nuances du sens qui opèrent cette distinction.

Gages n'est d'usage qu'à l'égard des domestiques de particuliers, et des gens qui se louent pendant quelque temps au service d'autrui pour des occupations serviles. *Appointements* se dit pour tout ce qui est place, ou qu'on regarde comme tel, depuis la plus petite commission jusqu'aux plus grands emplois et aux premières dignités de l'État. *Honoraire* a lieu pour les maîtres qui enseignent quelque science ou quelques-uns des arts libéraux ; et pour ceux à qui on a recours dans l'occasion, pour en obtenir quelque conseil salutaire, ou quelque autre service que leur doctrine ou leur fonction met à portée de rendre.

VÉNÉRATION, RESPECT.— Ce sont des égards qu'on a pour les gens: mais on leur témoigne de l'estime par la *vénération*, et on leur marque de la soumission par le *respect*.

Nous avons de la *vénération* pour les personnes en qui nous reconnaissons des qualités éminentes; et nous avons du *respect* pour celles qui sont au-dessus de nous.

L'âge et le mérite rendent *vénérable*. Le rang et la dignité rendent *respectable*.

FANTASQUE, BIZARRE, CAPRICIEUX, QUINTEUX, BOURRU. — Toutes ces qualités, très-opposées à la bonne société, sont l'effet et en même temps l'expression d'un goût particulier, qui s'écarte mal à propos de celui des autres: C'est là l'idée générale qui les fait synonymes, et sous laquelle ils sont employés assez indifféremment dans beaucoup d'occasions, parce qu'on n'a point alors en vue les idées particulières qui les distinguent. Mais chacun n'en a pas moins son propre caractère, que l'abbé Girard apprécie heureusement, dans son excellent ouvrage sur les synonymes, en disant : que

S'écarter du goût par excès de délicatesse, où par une recherche du mieux faite hors de saison, c'est être *fantasque*; s'en écarter par une singularité d'objet non convenable, c'est être *bizarre*; par inconstance ou changement subit du goût, c'est être *capricieux*; par une certaine révolution d'humeur ou façon de penser, c'est être *quinteux*; par grossièreté de mœurs et défaut d'éducation, c'est être *bourru*.

Le *fantasque* dit proprement quelque chose de difficile; le *bizarre*, quelque chose d'extraordinaire ; le *capricieux*, quelque chose d'arbitraire ; le *quinteux*, quelque chose de périodique ; le *bourru*, quelque chose de maussade.

PARTIE, PART, PORTION. — La *partie* est ce qu'on détache du tout. La *part* est ce qui en doit revenir. La *portion* est ce qu'on en reçoit. Le premier de ces mots a rapport à l'assemblage, le second au droit de propriété, et le troisième à la quantité.

On dit : une *partie* d'un livre, et une *partie* du corps humain ; une *part* de gâteau, et une *part* d'enfant dans la succession ; une *portion* d'héritage, et une *portion* de réfectoire.

DONNER, PRÉSENTER, OFFRIR. — L'idée du nom est le fondement essentiel et commun qui rend synonyme en beaucoup d'occasions la signification de ces mots ; mais *donner* est plus familier ; *présenter* est toujours respectueux ; *offrir* est quelquefois religieux. Nous *donnons* aux domestiques ; nous *présentons* aux princes ; nous *offrons* à Dieu.

On *donne* à une personne, afin qu'elle reçoive. On lui *présente*, afin qu'elle agrée. On lui *offre*, afin qu'elle accepte.

ŒUVRE, OUVRAGE, ŒUVRES. — *Œuvre* dit une chose complétement faite : *l'univers est l'œuvre de Dieu.* — *Ouvrage* indique l'idée d'une chose travaillée : *un auteur fait un bon ouvrage.* — *Œuvres* implique la réunion des ouvrages : *les œuvres de Chateaubriand.*

On dit, pour la fondation d'une société philanthropique, *œuvre de bienfaisance* ; les *œuvres de charité*, par la raison que le mot *œuvre* convient mieux à ce qui est produit par le cœur et les passions.

On dit *ouvrage* pour les œuvres d'intelligence, de science et d'art.

PAROLE, MOT. — La *parole* exprime la pensée. Le *mot* représente l'idée qui sert à formuler la pensée. C'est pour faire usage de la *parole* que le *mot* est établi.

On a le don de la *parole* et la science des *mots*. On donne du tour et de la justesse à celle-là. On choisit et l'on range ceux-ci.

L'abondance des *paroles* ne vient pas toujours de la fécondité et de l'étendue de l'esprit. L'abondance des *mots* ne fait la richesse de la langue qu'autant qu'elle a pour origine la diversité et la justesse des idées.

PAS, POINT. — *Pas* exprime la négative ; *point* la confirme. *Pas* ne nie la chose pour ainsi dire qu'en partie ; *point* ne laisse aucune place au doute. Il pourrait y avoir une modification après le mot *pas*, il ne saurait y en avoir après *point*.

Par suite, *pas* s'emploie avec les mots qui marquent le degré de qualité ou de quantité, comme : BEAUCOUP, FORT, GRAND, BEAU, etc., tandis que *point* se place mieux à la fin de la phrase pour confirmer la totalité de la négation. Ainsi on dira : *cet homme n'est pas riche*, et : vous croyez qu'il est riche, c'est une erreur, *il ne l'est point dutout.*

POSTER, APOSTER. — *Poster* indique l'id'e d'établir un poste de surveillance ou de défense. On a établi des postes de sergents de ville pour la sécurité de Paris, ils sont *postés* dans les mairies. — Il y a dans toutes les villes des *postes* de soldats pour le service militaire. L'idée d'être *posté* n'est qu'honorable. C'est ce qui fait surtout la différence avec le mot *aposter* qui ne se prend qu'en mauvaise part : on *aposte* des assassins pour guetter une victime.

SECOURIR, AIDER, ASSISTER. — On dit *secourir*, dans le danger, *aider*, dans la peine, *assister*, dans le besoin. Le premier, part d'un mouvement de générosité ; le second, d'un sentiment d'humanité ; et le troisième, d'un mouvement de compassion.

On va au *secours* dans le combat. On *aide* à porter un fardeau. On *assiste* les pauvres.

VIEUX, ANCIEN, ANTIQUE. — Ils enchérissent l'un sur l'autre ; *antique* sur *ancien*, et celui-ci au-dessus de *vieux*.

Une mode est *vieille*, quand elle cesse d'être en usage ; elle est *ancienne*, lorsque l'usage en est entièrement passé ; elle est *antique*, lorsqu'il y a longtemps qu'elle est *ancienne*.

Ce qui est récent n'est pas *vieux*. Ce qui est nouveau n'est pas *ancien*. Ce qui est moderne n'est pas *antique*.

La *vieillesse* regarde particulièrement l'âge. L'*ancienneté* est plus propre à l'égard de l'origine des familles. L'*antiquité* convient mieux à ce qui a été dans des temps fort éloignés de ceux où nous vivons.

TÉNÈBRES, OBSCURITÉ, NUIT. — *Ténèbres*, exprime l'idée essentiellement contraire à tout ce qui est lumière, soit clarté naturelle, soit lumière artificielle. — L'*obscurité* est la privation de clarté non point essentielle, mais momentanée. —

La *nuit* indique l'opposition du jour, c'est-à-dire le moment où le soleil n'éclaire plus l'hémisphère sur lequel il rayonne.

Ainsi, les *ténèbres* ont précédé pour nous le moment où le Créateur a créé la lumière. Au figuré, l'homme marche dans les *ténèbres* quand il refuse d'ouvrir son intelligence à la lumière de l'instruction. — On se trouve dans l'*obscurité* quand les lumières ne sont pas allumées ou qu'elles s'éteignent. — On est dans la *nuit* quand le jour a cessé. La moitié du globe, par suite de son mouvement autour du soleil, se trouve dans la *nuit* quand l'autre moitié est dans le jour.

On emploie le mot *obscurité* au figuré dans le sens opposé au luxe, à la splendeur. On dit : le sage vit volontairement dans l'*obscurité*, pour dire qu'il ne cherche pas à conquérir une place dans les hauts rangs de la société aux dépens de son repos et de son honneur comme le fait l'ambitieux.

BEAUCOUP, PLUSIEURS. — *Beaucoup* indique une quantité nécessairement grande, qu'on ne saurait préciser par des chiffres, non par la raison que ce chiffre serait trop élevé, mais par l'impossibilité de trouver les bases certaines pour le déterminer. — *Plusieurs* indique la pensée d'une quantité peu considérable, qu'on ne précise pas, mais qui pourrait se déterminer. C'est la grande différence entre ces deux mots.

Il y a *beaucoup* de gens qui disent des sottises. — Il y a *plusieurs* terrains à vendre près du bois de Boulogne.

L'opposé de *beaucoup* est peu. — L'opposé de *plusieurs* est *un* ou un chiffre déterminé.

CAPACITÉ, HABILETÉ — *Capacité* a plus de rapport à la connaissance des préceptes, et *habileté* en a davantage à leur application. L'une s'acquiert par l'étude, et l'autre par la pratique.

Qui a de la *capacité* est propre à entreprendre. Qui a de l'*habileté* est propre à réussir.

Il faut de la *capacité* pour commander en chef, et de l'*habileté* pour commander à propos.

Nous avons pris ces définitions de *capacité* et d'*habileté* dans le *Dictionnaire des synonymes* de l'abbé Girard qui a une juste réputation de science et que tous les auteurs de dictionnaires de synonymes ont presque regardé comme un devoir de copier.

Nous avons fait comme eux dans tous les cas où les applications de l'érudit auteur nous ont paru ne pas avoir vieilli. Nous nous sommes permis quelquefois des modifications commandées par la marche de la langue française, la plus progressive de toutes, car elle a pris ses racines dans plusieurs langues antiques et le génie de la nation les a souvent modifiées.

Les mots *capacité* et *habileté* ne sont ici considérés que dans leur sens figuré. — Dans le sens propre, *capacité* veut dire, d'après son origine latine, *faculté de contenir*. — On dira la capacité d'un tonneau ou d'une chambre, et dans ce sens *capacité* est synonyme d'*étendue*. — *Habileté* est dans le sens propre synonyme d'*intelligent* et non d'*adroit*.

CHOISIR, PRÉFÉRER. — On ne *choisit* pas toujours ce qu'on *préfère*; mais on *préfère* toujours ce qu'on *choisit*.

Choisir, c'est se déterminer en faveur de la chose par le mérite qu'elle a ou par l'estime qu'on en fait. *Préférer*, c'est se déterminer en sa faveur par quelque motif que ce soit, mérite, affection, complaisance ou politique, n'importe.

L'esprit fait le *choix*. Le cœur donne la *préférence*. C'est par cette raison qu'on *choisit* ordinairement ce que l'on connaît, et qu'on *préfère* ce qu'on aime.

La sagesse nous défend quelquefois de *choisir* ce qui paraît le plus brillant à nos yeux, et souvent la justice ne nous permet pas de *préférer* nos amis à d'autres.

Lorsqu'il est question de *choisir* un état de vie, je ne crois pas qu'on fasse mal de *préférer* celui vers lequel l'inclination porte, c'est le moyen de réussir plus facilement, et de trouver sa satisfaction dans son devoir.

CŒUR, COURAGE, VALEUR, BRAVOURE, INTRÉPIDITÉ. — Le *cœur* bannit la crainte, ne permet pas de reculer; le *courage* est impatient, hardi à l'attaque; la *valeur* agit vigoureusement, résolument, et ne cède point à la résistance; la *bravoure* ne connaît pas la peur et s'expose au danger; l'*intrépidité* brave de sang-froid le péril le plus évident et se sacrifie. « Ils se comportèrent en gens de *cœur* » (ACAD.) « Pour armer votre *cœur* contre un si triste sort » (CORNEILLE). « Le *courage* avait plus besoin d'être réprimé que la lâcheté n'avait besoin d'être excitée » (BOSSUET). « Perçant, comme un prodige de *valeur*, les rangs des troupes infidèles » (FLÉCHIER). « Il y a deux vertus que les hommes admirent, la *bravoure* et la libéralité » (LA BRUYÈRE). « La *bravoure* est une qualité innée, on ne la donne pas » (BONA-PARTE). « Le chef-d'œuvre de l'*intrépidité*, c'est l'immobilité au feu » (DE LÉVIS).

CONSENTIR, ACQUIESCER, ADHÉRER, TOMBER D'ACCORD. —Nous *consentons* à ce que les autres veulent, en l'agréant et en le permettant. Nous *acquiesçons* à ce qu'on nous propose, en l'acceptant et en nous y conformant. Nous *adhérons* à ce qui est fait et conclu par d'autres, en l'autorisant et en nous y joignant. Nous *tombons d'accord* de ce qu'on nous dit, en l'avouant et en l'éprouvant.

On s'oppose aux choses auxquelles on ne veut pas *consentir*. On rebute celles auxquelles on ne veut pas *acquiescer*. On ne prend point de part à celles auxquelles on ne veut pas *adhérer*. On conteste celles dont on ne veut pas *tomber d'accord*.

Il semble que le mot de *consentir* suppose un peu de supériorité; que celui d'*acquiescer* emporte un peu de soumission; qu'il entre dans l'idée d'*adhérer* un peu de complaisance; et que *tomber d'accord* marque un peu d'aversion pour la dispute.

« Les sénateurs *consentirent* à la création de nouveaux magistrats » (BOSSUET). « Je puis au moins *acquiescer* à cette doctrine » (LA BRUYÈRE). « Nous *adhérons* à leurs erreurs » (MASSILLON). « Je ne conteste point ce que vous dites, j'en *tombe d'accord* » (ACAD.).

FUIR, ÉVITER, ÉLUDER. — On *fuit* les choses et les personnes qu'on craint, et celles qu'on a en horreur. On *évite* les choses qu'on ne veut pas rencontrer, et les personnes qu'on ne veut pas voir et dont on ne veut pas être vu. On *élude* les questions auxquelles on ne veut ou l'on ne peut répondre.

Pour *fuir*, on tourne vers le côté opposé; et l'on s'éloigne avec vitesse, afin de n'être pas pris. Pour *éviter*, on prend une autre route, et l'on s'écarte subtilement, afin de n'être point aperçu ou de ne pas donner dans le panneau. Pour *éluder*, on fait semblant de n'avoir pas entendu, et l'on change adroitement de propos, afin de n'être pas obligé à s'expliquer.

On *fuit* en courant. On *évite* en se détournant. On *élude* en donnant le change.

Nous *fuyons* ceux qui nous poursuivent. Nous *évitons* ceux qui nous font peine. Nous *éludons* les conversations qui nous déplaisent.

La peur fait *fuir* devant son ennemi; la prudence en fait quelquefois *éviter* la présence ; et l'adresse en fait *éluder* les attaques.

On dit, *fuir* et *éviter* le danger ; mais le *fuir*, c'est ne s'y pas exposer; l'*éviter*, c'est n'y pas tomber. On dit, *éluder* le coup.

INDOLENT, NONCHALANT, PARESSEUX, NÉGLIGENT. — On est *indolent*, par défaut de sensibilité; *nonchalant*, par défaut d'ardeur ; *paresseux*, par défaut d'action; *négligent*, par défaut de soin.

Rien ne pique l'*indolent*; il vit dans la tranquillité et hors des atteintes que donnent les fortes passions. Il est difficile d'animer le *nonchalant*; il va mollement et lentement dans tout ce qu'il fait. L'amour du repos l'emporte, chez le *paresseux*, sur les avantages que procure le travail. L'inattention est l'apanage du *négligent*; tout lui échappe, et il ne se pique point d'exactitude.

L'*indolence* émousse le goût. La *nonchalance* craint la fatigue. La *paresse* fuit la peine. La *négligence* apporte des délais et fait manquer l'occasion.

MOMENT, INSTANT. — Un *moment* n'est pas long ; un *instant* est encore plus court.

Le mot de *moment* a une signification plus étendue ; il se prend quelquefois pour le temps en général, et il est d'usage dans le sens figuré. Le mot d'*instant* a une signification plus resserrée ; il marque la plus petite durée du temps, et n'est jamais employée que dans le sens littéral.

Tout dépend de savoir prendre le *moment* favorable ; quelquefois un *instant* trop tôt ou trop tard est tout ce qui fait la différence du succès à l'infortune.

Quelque sage et quelque heureux qu'on soit, on a toujours quelque fâcheux *moment* qu'on ne saurait prévoir. Il ne faut souvent qu'un *instant* pour changer la face entière des choses qu'on croyait le mieux établies.

Tous les *moments* sont chers à qui connaît le prix du temps. Chaque *instant* de la vie est un pas vers la mort.

NIER, DÉNIER. — *Nier* marque négation, refus de reconnaître; *dénier* ajoute à cette idée celle d'une privation qu'on fait subir à quelqu'un d'une chose qu'on lui refuse. « Il me paraît absurde de *nier* qu'il y ait une intelligence dans le monde » (VOLTAIRE). « Lui-même, applaudissant à son maigre génie, se donne par ses mains l'encens qu'on lui *dénie* » (BOILEAU). Dans un autre sens, *dénier*, terme de jurisprudence, marque une négation formelle, et souvent aussi la rétractation d'un aveu. « *Nier* le fait » (ACAD.). « A l'aspect du bûcher, les Templiers revinrent contre les aveux qu'ils avaient faits dans les tortures : ils les *dénièrent* tous. » (LE ROY).

OBSCUR, SOMBRE. — Ce qui est *obscur* manque de clarté, n'est pas assez éclairé; ce qui est *sombre* n'a qu'une triste et faible lumière. Au figuré, ce qui est *obscur* manque de célébrité, ou, s'il s'agit du style, de netteté; le caractère *sombre* a quelque chose de farouche. « De ce palais tous les détours *obscurs* » (RACINE). « Temps *obscur* » (ACAD.). « C'étaient d'illustres *obscurs* que tous les grands seigneurs de France » (Madame de STAEL). « Comme les vives couleurs dont le soleil, en se levant, peint les *sombres* voiles du ciel » (FÉNÉLON). « Une imagination ardente et *sombre* » (ACAD.). « L'avarice, triste et *sombre* passion, autant qu'elle est cruelle et intraitable » (BOSSUET).

NEUF, NOUVEAU, RÉCENT. — Ce qui n'a point servi est *neuf*. Ce qui n'avait pas encore paru est *nouveau*. Ce qui vient d'arriver est *récent*.

On dit d'un habit qu'il est *neuf*; d'une mode, qu'elle est *nouvelle*; d'un fait, qu'il est *récent*.

Une pensée est *neuve*, par le tour qu'on lui donne; *nouvelle*, par le sens qu'elle exprime; *récente*, par le temps de sa production.

Celui qui n'a pas encore l'expérience et l'usage du monde est un homme *neuf*. Celui qui ne commence que d'y entrer ou qui est le premier de son nom est un homme *nouveau*. L'on est moins touché des anciennes histoires que des *récentes*. « Un *nouvel* ouvrage; mode *nouvelle*. Découverte *récente*; douleur *récente* » (ACAD.).

PARTAGER, RÉPARTIR, DISTRIBUER, DÉPARTIR. — *Partager* une chose, c'est la diviser en différentes parts pour la donner; la *répartir*, c'est assigner à chacun sa part selon son droit; la *distribuer*, c'est remettre à chacun la part qui lui est assignée; la *départir*, c'est la donner à un seul ou à plusieurs,

comme une faveur, comme une grâce. « *Partager* des pro-
fits » (ACAD..)

> . . . . . . « Je vais aux prisonniers,
> Des aumônes que j'ai *partager* les deniers. »
>
> MOLIÈRE.

« *Répartir* les contributions » (ACAD.).

> « La fortune pour lors *distribuait* ses grâces.
>
> LA FONTAINE.

> Il voulut être ermite;
> Ses biens aux pauvres *départis*,
> Il s'en va seul.
>
> LA FONTAINE.

« De tous les dons que le ciel *avait départis* aux auteurs
de mes jours, un cœur sensible est le seul qu'ils me lais-
sèrent » (J. J. ROUSSEAU).

NOTES, REMARQUES, OBSERVATIONS, RÉFLEXIONS. — Les *notes*
disent quelque chose de court et de précis. Les *remarques*
annoncent un choix et une distinction. Les *observations* dési-
gnent quelque chose de critique et de recherché. Les *réflexions* expriment seulement quelque chose d'ajouté aux
pensées de l'auteur.

Les *notes* sont souvent nécessaires. Les *remarques* sont
quelquefois utiles. Les *observations* doivent être savantes.
Les *réflexions* ne sont pas toujours justes.

Le changement des mœurs et des usages fait que la plu-
part des auteurs ont besoin de *notes*. Il y aurait peut-être
d'aussi bonnes *remarques* à faire sur les modernes que sur
les anciens. Les *observations* historiques qu'on a faites rendent l'antiquité plus connue. Les *réflexions* ne servent le plus
souvent qu'à faire perdre de vue la première pensée.

EXCITER, INCITER, POUSSER, ANIMER, ENCOURAGER, AIGUIL-
LONNER, PORTER. — *Exciter*, c'est presser fortement de faire
quelque chose ; *inciter*, c'est s'insinuer dans l'esprit de quelqu'un et le solliciter assez fortement pour le déterminer ;
pousser, c'est donner une impulsion, forcer le penchant;
animer, c'est inspirer une nouvelle activité; *encourager*, c'est
relever le courage, ranimer l'énergie; *aiguillonner*, c'est piquer dans les endroits sensibles, stimuler par les moyens les
plus pressants; *porter*, c'est déterminer la volonté de quelqu'un par son ascendant. « Je vous *excite* à imiter ses vertus » (FLÉCHIER). « *Inciter* les peuples à la révolte » (ACAD.).
Tout ce qui nous *incite* à nous attacher à la créature est

mauvais, puisque cela nous empêche de servir Dieu » (Pascal).

« La faim, l'occasion, l'herbe tendre,
Et je pense quelque diable aussi me *poussant*, »
LA FONTAINE.

« Et l'intérêt du ciel est tout ce qui le *pousse*. »
MOLIÈRE.

« Il *animait* les troupes du geste et de la voix » (Acad.).

« Mais à ce grand effort en vain je vous *anime*. »
BOILEAU.

« Pour vous *encourager* ma voix manque de termes. »
CORNEILLE.

« Ils m'*encouragèrent* à continuer. C'est un homme lent et paresseux, il faut un peu l'*aiguillonner*. Les mauvaises compagnies l'*ont porté* à la débauche » (Acad.).

QUESTIONNER, INTERROGER, DEMANDER. — On *questionne*, on *interroge*, et l'on *demande* pour savoir, mais il semble que *questionner* fasse sentir un esprit de curiosité ; qu'*interroger* suppose de l'autorité ; et que *demander* ait quelque chose de plus civil et de plus respectueux.

Questionner et *interroger* font seuls un sens ; mais il faut ajouter un complément à *demander* ; c'est-à-dire que, pour faire un sens parfait, il faut marquer la chose qu'on *demande*.

L'espion *questionne* les gens. Le juge *interroge* les criminels. Le soldat *demande* l'ordre au général.

RÉPONSE, RÉPLIQUE, REPARTIE. — La *réponse* se fait à une demande ou à une question. La *réplique* se fait à une *réponse* ou à une remontrance. La *repartie* se fait à une raillerie ou à un discours offensant.

Les scolastiques enseignent à proposer de mauvaises difficultés, et à y donner encore de plus mauvaises *réponses*. Il est plus grand d'écouter une sage remontrance et d'en profiter que d'y *répliquer*. On ne se défend jamais mieux contre des paroles piquantes que par des *reparties* fines et honnêtes.

Le mot de *réponse* a, dans sa signification, plus d'étendue que les deux autres : on *répond* aux questions des personnes qui s'informent, aux demandes de celles qui attendent des grâces ou des services ; aux interrogations des maîtres et des juges, aux arguments de ceux qui nous exercent dans les écoles ; aux lettres qu'on nous écrit, et aux difficultés qu'on nous propose touchant la conduite, les affaires, et les sentiments. Le mot de *réplique* a un sens plus restreint ; il suppose une dispute commencée à l'occasion des diverses opinions qu'on suit, ou des différents sentiments dans lesquels on est, ou des partis et des intérêts opposés qu'on a embrassés : on *réplique* à la *réponse* d'un auteur qu'on a critiqué; aux réprimandes de ceux dont on ne veut pas recevoir de correction, et aux plaidoyers ou aux écritures de l'avocat de la partie adverse. Le mot de *repartie* a une énergie propre et particulière, pour faire naître l'idée d'une apostrophe personnelle contre laquelle on se défend; soit sur le même ton, en apostrophant aussi de son côté, soit sur un ton plus honnête, en émoussant seulement les traits qu'on nous lance; on fait des *reparties* aux gens qui veulent se divertir à nos dépens; à ceux qui cherchent à nous tourner en ridicule; et aux personnes qui n'ont, dans la conversation, aucun ménagement pour nous.

La *réponse* doit être claire et juste; il faut que ce soit le bon sens et la raison qui la dictent. La *réplique* doit être forte et convaincante; il faut que la vérité y paraisse armée et fortifiée de toutes ses preuves. La *repartie* doit être vive et prompte; il faut que le sel de l'esprit y domine et la fasse briller.

Il faut élever les enfants à faire toujours, autant qu'il se peut, des *réponses* précises et judicieuses; et leur faire sentir qu'il y a plus d'honneur pour eux à écouter qu'à faire des *répliques* à ceux qui ont la bonté de les instruire; mais il n'est pas toujours à propos de blâmer leurs petites *reparties*, quoiqu'un peu contraires à la docilité, de peur d'émousser leur esprit par une gêne trop sévère.

PERPÉTUEL, CONTINUEL, IMMORTEL, ÉTERNEL. — *Perpétuel* exprime la durée de ce qui ne finit point; *continuel*, marque l'action qui se fait sans interruption; *éternel*, la qualité de ce qui est de tout temps, en tout temps, dans tous les temps; *immortel*, la qualité de ce qui ne meurt pas. Il règne dans cette contrée un printemps *perpétuel*. La jeunesse est une ivresse *continuelle*. Il n'y a que Dieu qui soit *éternel*. Dieu a donné à l'homme une âme *immortelle*.

PLIER, PLOYER. — *Plier*, c'est mettre en double ou par plis, c'est rabattre une partie de la chose sur l'autre; *ployer*, c'est mettre en forme d'arc, c'est rapprocher les deux bouts de la chose. *Plier* du linge; *plier* une lettre. *Ployer* une branche d'arbre.

PORTER, APPORTER, TRANSPORTER, EMPORTER. — *Porter* marque simplement qu'on est chargé d'un fardeau; *apporter* présente la double idée du fardeau et du lieu où on le porte; *transporter* présente l'idée du fardeau, du lieu où on le porte et de celui d'où on le prend; *emporter* ajoute à toutes ces idées une attribution de propriété à l'égard de la chose dont on se charge.

« L'éléphant devait sur son dos
Porter l'attirail nécessaire. »
LA FONTAINE.

. . . . Cependant on *apporte* un potage
BOILEAU.

La mécanique fait jouer les ressorts et *transporter* aisément les corps pesants (BOSSUET). Les barques destinées à *transporter* l'armée au-delà du fleuve (ACAD.).

L'hirondelle, en passant, *emporte* toile et tout,
Et l'animal pendant au bout.
LA FONTAINE.

Chactas reprit le chemin de son pays, *emportant* ces précieux restes » (CHATEAUBRIAND).

SAIN, SALUBRE, SALUTAIRE. — Ce qui est *sain* ne nuit point; ce qui est *salubre* fait du bien; ce qui est *salutaire* sauve de quelque danger, de quelque mal. « Tout ce qu'on boit est bon, tout ce qu'on mange est *sain* (BOILEAU). Les lieux marécageux ne sont pas *sains*. Ces eaux minérales sont fort *salubres*. Le quinquina est fort *salutaire* contre la fièvre » (ACAD.).

VENIMEUX, VÉNÉNEUX. — Ces deux mots ont de la synonymie par la raison qu'ils expriment tous deux la pensée d'un poison agissant. Mais ils sont essentiellement différents dans l'application; *venimeux* se dit au propre des animaux. La morsure de la vipère est *venimeuse*. Au figuré on dit d'une personne qui cherche par des calomnies à nuire à son prochain, qu'elle a une langue *venimeuse*. *Vénéneux* ne s'emploie qu'au propre et uniquement pour les plantes. La ciguë renferme un suc *vénéneux*, ou par contraction, la ciguë est *vénéneuse*.

VESTIGE, TRACE. — Le *vestige* est la marque incertaine d'une chose qui n'est plus et dont on ne peut constater l'existence passée que par de faibles indices ou par des inductions. La *trace* est une marque certaine qui aide à retrouver une chose qui est, ou qui constate irréfragablement une chose qui a été.

VRAI, VÉRIDIQUE. — Le *vrai* exprime l'idée de l'essence même de la vérité. Le *véridique* est simplement l'idée opposée à celle de mensonge, et non celle de l'incontestable vérité.

Imprimerie de L. TOINON et Cⁱᵉ, à Saint-Germain.